北京微旅行

【游边看视频版】

漫游这座城

南&北锣鼓巷
避开人群 在四合院里感受岁月静好

前海·荷花市场
那些熟悉又陌生的地方

张自忠路·府学胡同
聆听老房子讲最动人的故事

砖塔胡同·阜内大街
若时光倒流七百年

东交民巷
北京胡同里的『高大上』

五四大街
一百年前的新思潮集散地

八大胡同
烟花散尽 梨园永固

菜市口·牛街
探寻质朴胡同里的传奇与美食

国子监·五道营
梵音儒教背后的文艺腔调

BEIJING WEILÜXING · MANYOU ZHE ZUO CHENG

藏羚羊旅行指南编辑部　编著

北京出版集团公司
北京出版社

图书在版编目（CIP）数据

北京微旅行：漫游这座城 / 藏羚羊旅行指南编辑部
编著 . — 北京：北京出版社，2016.7
ISBN 978-7-200-12243-5

Ⅰ . ① 北… Ⅱ . ① 藏… Ⅲ . ① 旅游指南—北京市
Ⅳ . ① K928.91

中国版本图书馆 CIP 数据核字（2016）第 139655 号

北京微旅行
漫游这座城
BEIJING WEILÜXING

藏羚羊旅行指南编辑部　编著

＊

北 京 出 版 集 团 公 司
北 京 出 版 社　出版

（北京北三环中路 6 号）
邮政编码：100120
网　　址：www.bph.com.cn
北 京 出 版 集 团 公 司 总 发 行
新 华 书 店 经 销
三河市庆怀印装有限公司印刷

＊

787 毫米 ×1092 毫米　16 开本　13.5 印张　268 千字
2016 年 7 月第 1 版　2016 年 7 月第 1 次印刷
ISBN 978-7-200-12243-5

定价：59.00 元
质量监督电话：010-58572393

PREFACE 前言

在北京这座城市客居十余年，虽说没有走遍这座古老都市的大街小巷，却目睹了这里的变化，亲历了很多具有历史性的事件。与大多数人一样，最开始认识这座城市的时候，会去故宫、南锣鼓巷、前门、景山公园、西单等这种标志性的景点。去的次数多了，慢慢就会发现在这些地方的周边还有很多有意思的地方，比如与南锣鼓巷一街之隔的北锣鼓巷，紧邻前门大街的曾经的"八大胡同"地区，景山公园东边的北大红楼，挨着西单商业区的砖塔胡同……

走进一条条蜿蜒曲折的胡同，走过一座座或新或旧的四合院，轻轻推开一扇半开半掩的大门，外边看似平常的住宅人家，说不定就藏着巨大的"秘密"。有的是一段色彩丰富的传奇，有的是一则感人至深的事迹，有的则发生过历史上举足轻重的大事。运气好的话，遇到生活在院子里的老北京人，聊起来这块地方的前世今生，谈论中如果提到某些大名鼎鼎的人物，会让人心中暗自称奇。久而久之慢慢地发现，原来北京城不只是5A级的景点，不单是文化遗产，不仅仅是熙熙攘攘的商业区，在这座国际化都市中，寻常巷陌中有着百年历史的老房子，雕梁画栋朱颜已改，曾经发生于此的事，曾经生活在此的人，却不会被时光碾碎，而会一直默默地伴随着这座叫北京的城市度过一个又一个的春秋冬夏。

北京城有很多面，标志性的景点是其最广为人知的一面，但这不能代表这座城的全部。漫步在北京城中，不用思考太多，只需细心观察，不知不觉中就会发现其中的奥秘，自己的手中也会多一把打开这座城的钥匙，感觉自己与这座城有了交流，但至于说了什么，只有自己知道。

在北京城漫步并不孤独，也不会累，很多吃吃喝喝的小店已经在城中生根开花。世上总有有心人，一座破旧的老房子，一间废弃的厂房，一个不起眼的旧屋，随意走进去很可能就是一家精心改造过的小店。店主可能是一位退休后找寻生活乐趣的老阿姨，可能是一位放弃稳定工作的白领，可能是一位"海归"，可能是一位将生活与艺术结合起来的艺术家，可能是一位秉持个人信念的普通人……走累了，到这样的地方坐坐，有一种充满故事的城与充满故事的人结合在一起的感觉。一座城最有魅力的地方莫过于生活于此的人，他们以城为背景演绎着自己的故事，而一座城又因为有了这些故事而变得鲜活起来。

由于书中篇幅有限，介绍了几条北京精华游玩路线，每条路线的游玩时间均为一天，希望读者在周末闲暇之余，能够参考书中的手绘地图，根据个人爱好选择一条自己心仪的路线，走出家门，与北京这座古城进行一次属于自己的"对话"！

在此，特别感谢宋君玮先生的帮助，他在构思本书过程中提供了很多宝贵资料。更加感谢在本书采编过程中提供过帮助的热情善良的人们，万分感谢！书中所提供的信息若有不足之处，望读者海涵指正！

CONTENTS 目录

目录 CONTENTS

视频观看方法及目录

观看方法

扫描左侧二维码，关注去来旅行公众号，回复关键词，如"小西堂"，即可观看相关视频

目录

南&北锣鼓巷

南锣鼓巷是一个让人爱恨交织的地方，爱是爱它悠久的历史，爱胡同里一座座形式各异的历史建筑，虽然已很难看到当年质朴的风情。

避开人群 在四合院里 感受岁月静好

戈多花园的 软饮

天堂时光的咖啡

小西堂人气 超旺的猫咪

对于在北京生活的人来说，南锣鼓巷是一个让人爱恨交织的地方，爱是爱它悠久的历史，爱胡同里一座座形式各异的历史建筑，虽然已很难看到当年质朴的风情。作为至今已有七百四十多年历史的北京老街区，在明清时期胡同里住满了达官显贵、王公贵族，成为当时大富大贵之地。这些宅院大多已物是人非，但若仔细观察，依稀还能分辨出当年的端倪。它们不在游人摩肩接踵的主街上，而大多坐落在南锣鼓巷的东西胡同中。

从人潮如涌的南锣鼓巷走出来，穿过鼓楼东大街就是北锣鼓巷，虽然两条巷子仅一字之差，却有着天壤之别。北锣鼓巷与南锣鼓巷相比，更像一个守望者，努力地在繁华街市中守护着自己原有的生活方式。巷子里少见游人，多的是街坊邻居熟悉的身影；几乎听不到商贩的吆喝声，更少有冠以"老北京"名称的商铺。但因北锣鼓巷的地理优势，总会有一些充满好奇心的游人到此探访。他们的造访给这里带来了商机，不知从何时起，巷子里也出现了一家家咖啡店、餐厅、小店，很快店铺在主街上一家家蔓延开来，看到此情此景难免想到当年的南锣鼓巷……

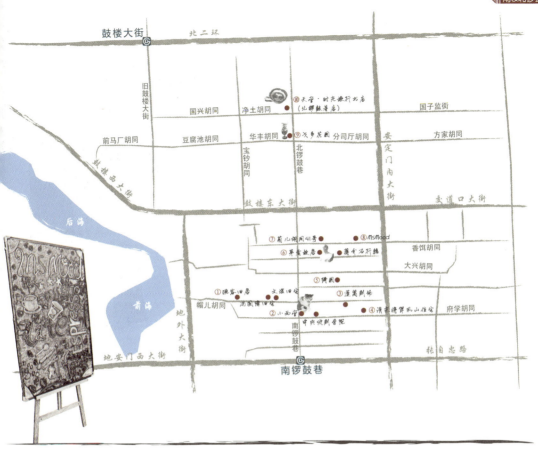

▶ **起始地**
南锣鼓巷地铁站

路线：①婉容旧居—②小西堂—③蓬蒿剧场—④清末将军凤山住宅—⑤绮园—⑥茅盾故居—⑦菊儿胡同41号—⑧ MsMood—⑨戈多花园—⑩天堂·时光旅行书店（北锣鼓巷店）

◉ **终点**
鼓楼大街地铁站

朱红的大门颜色已经褪尽,
露出原木本来的肌理

① 婉容旧居

末代皇后由此出阁 ▶

　　走到帽儿胡同口,牌子上的简介让人目瞪口呆,婉容、文煜、冯国璋等人的府邸都在此。没想到一条全长585米的胡同竟然与这么多名人有联系,还有可园这样的私家园林。沿着胡同往里走,一辆辆三轮车从身边飞驰而过,"丁零零"清脆的铃声响起一片,打破胡同的宁静。文煜的宅子门脸最大,四个门当,两尊门墩,与冯国璋的宅院一样大门紧闭。据说当年冯国璋下台后,就居住在这里,一年后在此去世。之后,他的家人把宅子的一部分出租给了朱家溍的父亲,朱家溍在这座院子里度过了童年时光。

　　往胡同里面走,游人少了许多,逛胡同也变得惬意起来。到一处小门口,能看到上面挂着一个牌子,写着"旧宅院",紧接着是"清末帝溥仪之妻婉容的婚前住所",以及关于婉容的介绍等。这扇小门开着,沿着狭窄的过道走进去,是一扇雕花精美的垂花门,这扇门要比刚进来的小门宽敞很多,朱红的大门两边各有一个长方形门墩,上方各一个圆润的垂花,颜色已经褪尽,露出原木本来的肌理,上面的彩绘颜色依稀可辨,但都布满灰尘,雕花保存得极为完好,花瓣、花叶饱满的质感,触目可及,有的叶子的颜

朱红的大门两
边各有一个长
方形门墩

色还未全褪，盈盈的绿色深入木纹，似乎凝固成了永恒。垂花门的里面是一方小院，但已不是老房子。当年的皇后家不可能如此小啊？即使是清代末期，皇室的规格犹在。沿着门旁的小路继续往里走，墙上写着"私家宅院，禁止参观"。

上方一个圆润的垂花，沧桑斑驳

从这个院子出来，看到门口几位下棋的大爷，带着几分好奇，与他们闲聊。一位大爷说："原来帽儿胡同半条街都是婉容家的，她家有花园，还养马，地方大着呢！后来这个院子被分割开了，您瞧瞧这帽儿胡同的门牌都多少号了！原来她家宅院的大门老早就给封上了，你瞧，现在门牌号下面的小门都是各家后开的。虽然是末代皇后，但婉容的大轿就是从这里抬到皇宫的，瘦死的骆驼比马大，皇家要脸要面的，不可能让老丈人家太寒酸了。"

> 🏠 东城区南锣鼓巷帽儿胡同
> 35-37号

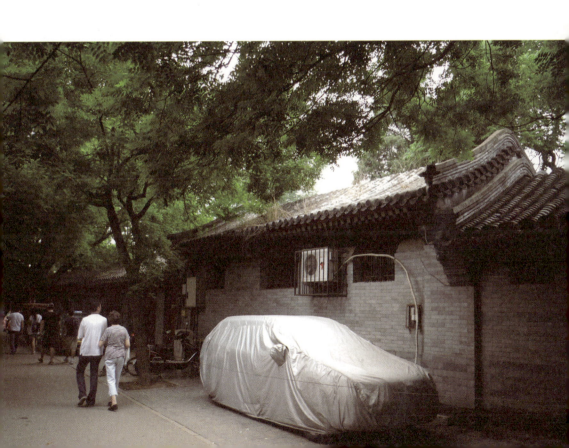

扫描下方二维码，关注
去来旅行公众号，回复
"小西堂"，即可观看
视频

② 小西堂

高颜值的食客 超会卖萌的猫 ▷

　　从南锣鼓巷进来，走到东棉花胡同口就能看到门口一只大大的加菲猫玩具——小西堂到了。即使不是周六、周日来，只是一个平常的午后，也同样需要拼桌，更没有可以挨着猫咪的位置了，这就是小西堂。小店正对着中央戏剧学院(以下简称"中戏")西南门，店内的顾客自然少不了俊男美女。进屋坐下就发现，里外两间屋内坐满了颜值极高的食客，坐定片刻发现，包括忙忙碌碌的服务员小妹都是不折不扣的美女。但这些美女们来这里都是冲着一样东西：店里的猫咪！

　　小西堂全称"X TINY CAFE 猫咪主题餐厅"，猫咪是这里的招牌。这家由两间老房子改装的店，巧妙地保留了屋内的里窗，木窗棂仍在，老窗台仍在，经常有猫咪趴在这里睡觉。透过窗户能够清楚地看到里院，草木深处有人聊天，还能看到来往的住户，周围一切都散发着浓郁的生活气息，感觉小店并没

屋内的里窗巧妙地被保留，木窗棂仍在，老窗台仍在，经常有猫咪趴在这里睡觉

有被隔绝开来。屋内的房梁和木柱被保留下来，做了简单的装饰，看起来既有老房子的温馨，又消除了破旧的鄙陋。隔开两间屋子的墙在里侧开了一个方形的洞，猫咪们经常在这里跳来跳去，来去自如。坐着吃饭的时候，神不如鬼不觉地溜达过来一只猫咪，一脸无辜的样子，轻飘飘地迈着猫步，视若无人之境。看着一只只悠闲自在的猫咪，忍不住问店员，"一共多少只猫啊？"店员笑着说："一共9只。""这么多，不会打架吗？""偶尔也会打的，但是这里的猫脾气比较温驯，一般不会发生争执，而且会分批给它们做绝育，这样就不会存在霸占地盘的情况了。""来这里的人都是爱猫人士吧！""当然啦！大部分都是为了这些猫咪来的，它们才是店里的主角。"

店里的吉祥物

悠闲地享用着美食，看着旁边电脑旁慵懒地躺着
一只猫，身子伸展得长长的，尾巴一摇一摆，悠闲自得。
看着人吃东西，猫咪无动于衷，不知道是因为生活在
小店中，练就了这身本事，还是真的对香喷喷的美食
没什么兴趣。这时，一个小孩把手中的食物拿给一只
猫咪，店员看到对他说："猫咪不吃这些的，它们有
自己的美味佳肴，就是地上食盒里的猫粮。"顿时觉
得这里的猫咪好幸福，让人萌生出想成为它们其中一
员的念头！

🏠 东城区南锣鼓巷东棉花胡同
　 38号
☎ 010 84010568
　 13810068110

扫描下方二维码，关注
去来旅行公众号，回复
"蓬蒿剧场"，即可观
看视频

③ 蓬蒿剧场

话剧、咖啡两相宜 ▷

进入剧场，门廊的水泥墙上装饰着
"戏剧是自由的"几个字

　　沿着东棉花胡同走过"中戏"，从第一条小巷子往北走，抬头就会看到用繁体字写的"蓬蒿剧场"的蓝色标志，在灰色的胡同中十分抢眼。这条窄窄的巷子，一边大概是"中戏"的围墙，墙上贴着的各种戏剧海报给原本平淡的胡同中增添了文艺气息；另一边是居民院子，家家户户的门前种植着藤蔓植物，旁边停着自行车，一派安静祥和的生活氛围。蓬蒿剧场就在其中，正如剧场的名字一样，"蓬蒿人"就是普通人的意思。

　　进入剧场，门廊的水泥墙上装饰着"戏剧是自由的"几个字，直指主题，好像一把利刃直插人心。推门进屋，发现里面竟然是一家咖啡店，昏黄的灯光下，几副简简单单的桌椅，给人一种怀旧的气息。仔细观察，发现与一般咖啡馆不同的是，屋内除了点餐的吧台，门口处还有一个售票吧台，紧邻的墙上贴满了戏剧画报、演出信息，虽然有些凌乱，但很有艺

"蓬蒿剧场"
四个字的蓝色
标志

术范儿。墙边有两扇棕色门，旁边还有一只镶嵌在墙上的小小的半圆形留言台，上面放着一本牛皮纸封面的留言簿，一只布艺台灯和一盆小小的绿植。往里走，里面还有一家面积不大的戏剧图书馆，再往楼上走，瞬间开阔的视野让人心旷神怡。站在顶楼露台上，周围的四合院尽收眼底。若是在一个宁静的夜，坐在这样的地方一边喝咖啡，一边看着星星点点的万家灯火，是何等令人动情！

　　转了一圈才发现，既然叫作剧场，为什么没有看到舞台？服务员介绍说，舞台就在那两扇棕色门内，演出开始前会打开检票，里面空间不大，是随便入座的。作为北京当代第一家民间公益小剧场，这里的演出很多，不乏高质量的戏剧作品，尤其是在南锣鼓巷戏剧节期间，这间北京四合院小剧场更成了中外戏剧交流的一座桥梁！而在平常，凭借紧邻"中戏"这样近水楼台先得月的优势，很多大师的演出、优秀的剧目也都会在此拉开帷幕。

🏠 东城区东棉花胡同 35 号
☎ 010 64006472
🔗 http://penghaotheatre.com

④ 清末将军凤山住宅

细细品味 原汁原味的拱门砖雕 ▷

　　继续往胡同里走，越来越安静，走到一家宽敞的大门口，边上有一块牌匾，上面写着"拱门砖雕"。凤山将军府就是这里了。关于这位戎马一生的凤山将军，历史记载中笔墨不多，倒是他的死有几分传奇色彩。1911 年，武昌起义爆发，凤山将军被派往广州前去镇压革命党，10 月到广州赴任，25 日被革命党人李沛基炸死。死后，他的家产被瓜分，这座宅院命运亦是如此。

　　站在门口左顾右盼地张望了一会儿，一位阿姨走过来说："在里面呢，外面看不到，你和我进来吧！"说完，将食指放在嘴边，做了一个"嘘"

的姿势，可爱至极。进到院子里，看到一株金银花的后面有一座高大的拱门，上面雕满了各种花纹、图案，凹凸细致。阿姨小声说："就在这儿了，你自己慢慢看，里面什么都没了，是住户。砖雕原来比现在好很多，曾经被孩子们给破坏了，你看上面还有完整的花，这些高地方孩子们够不着，倒保留下来了，这么多年了还能看到，不容易！"

　　果然是原汁原味的建筑，未加任何粉饰，更不用说修缮。拱门下方能摸到的地方，雕花图案大多数已不完整，有的图案推测可能是宝瓶，但瓶中的花没了，墙上还有没有清除干净的残留痕迹。拱门中部稍微好些，最好的是顶部，花纹完整，枝蔓连绵，在上方有四个字，已经斑驳了，两边的松梅图案还在。拱门的东边连着砖瓦平房，同样形式的拱窗，简单样式的红色窗棂，在窗顶部配有一处砖雕花纹。这在北京的胡同中真的少见！

🏠 东城区东棉花胡同 15 号

⑤ 绮园

看古人如何低调地奢华 ▷

　　秦老胡同很安静，偶尔有三轮车驶过，但它们的目的相同，都是绮园门上的砖雕。走到绮园的门前就能够看到保存极为完好的砖雕，简直有些不相信自己的眼睛，历经百年风霜，它们还能完好如初！与刚刚看过的凤山将军府砖雕相比，绮园的砖雕甚至可以用完美、繁复来形容。绮园砖雕的图案完整，花纹几乎毫无破损，深浅纹理依稀可辨，让人百看不厌。

就在此时，一辆载着游人的三轮车在门前停下，车夫满口的京腔，手拿一把折扇指着门道："这座宅子是索额图家的，索氏后代是曾崇，曾崇的儿媳妇为清朝末代皇后婉容的姨，所以这座房子叫'皇后的姥姥家'。这儿最有名的是门口的砖雕，是北京胡同砖雕中的精品，门楼上有三层砖雕，每层的图案不同，寓意也不同。葫芦与'福禄'同音，代表着富贵吉祥，蝙蝠和兽头代表的福寿双全，牡丹花是平安富贵的意思，中间一条是竹叶和梅花，是花中四君子之一，代表人品高洁，最上面一层，一只猴子骑在马上，是'马上封侯'，加官晋爵的意思，旁边的宝瓶则是平平安安的意思，表示不管做了多大的官，都希望家人平安。这座大门的砖也不是普通的砖，是黄山用来做砚台的石头，由此可见内务府总管索大人家是多么富裕……"车夫一面了如指掌地说着，真真假假，假假真真，眉毛眼睛以至整个五官都活动起来，一面手舞足蹈地比画着，热闹非凡，倒也平添几分乐趣。听过他这么一说，再看砖雕还真生动了几分。

🏠 东城区秦老胡同 35 号

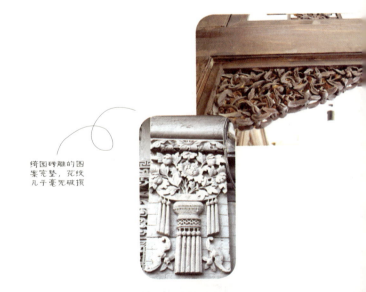

绮园砖雕的图
案完整，花纹
几乎毫无破损

⑥茅盾故居

◀ 看看作家的书房什么样

穿过人潮涌动的南锣鼓巷街头，到后圆恩寺胡同的时候顿时觉得清静下来，空荡荡的胡同内人影稀少。胡同的一边是围墙，稀稀落落有几户院子。茅盾故居很明显，就是门口有一棵大树的院子，朱红色的大门很新，应该是新修葺没多久，门口偶尔可以看到几位游人的身影。树旁有一把椅子，摇摇晃晃地靠在墙上。站在门口听到"叽叽喳喳"清脆悦耳的鸟鸣，在午后宁静的胡同里显得格外引人注意。走进大门看到房檐下有一只小小的鸟笼，里面一只黄色的小鸟不停地啼唱，顺着小鸟的方向往里看有一面影壁，上面手书"茅盾故居"，落款是"邓颖超"。

进入院子，一架长势喜人的瓜棚最吸引眼球。在绿色中埋藏着一只两边系着麻绳的木板秋千，供当年茅盾的小孙女玩耍，秋千是全家人一起制作的，只不过这只是复制品。结构简单的秋千随风摇荡，一如童年简单的快乐。走到瓜棚的另一边，看到一株枝干苍劲的葡萄，给小院增加了几分诗意。绕过院内茅盾先生的汉

院内有茅盾先生汉白玉半身像

扫描下方二维码，关注去来旅行公众号，回复"茅盾故居"，即可观看视频

白玉半身像，进入陈列室，里面展示了茅盾先生的一生。再往里走是后院，也是故居最值得看的地方，可惜门锁着，透过玻璃窗可以看到里面按照原样布置的茅盾先生的书房、卧室。在屋内的床头案上摆放着书籍、收音机、台灯，还有一排药罐，一张铁床上面铺着蓝白格的床单，看起来有些陈旧，但很整齐。

　　1974年12月，茅盾先生搬进这座院子，第二年他开始准备写个人回忆录。故居内的这台收音机据说是当时从旧货店买来的，茅盾先生用这台机器一段段地口述，从1975年年底开始，一年后结束。当时他年事已高，记录和整理工作由他的儿子和儿媳完成，写成书就是他的回忆录——《我走过的道路》。

🏠 东城区后圆恩寺胡同13号
☎ 010 64040520
🕐 9:00-16:00，周一闭馆

⑦ 菊儿胡同 41 号

当四合院邂逅粉墙黛瓦 ▷

从南锣鼓巷走进入菊儿胡同，在胡同口依旧能感受到扑面而来的商业气息，挂着各种招牌的小店，店员卖力地吆喝着。走过小店之后，看到一片白墙黑瓦马头墙的三层小楼，这应该就是轰动一时的菊儿胡同 41 号了！不注意看发现不了什么特别，但若仔细环顾四周的四合院，立即会觉得不同。一位胡子花白的大爷，见有人对着这片小楼拍照，笑吟吟地竖起大拇指说："真识货！这才是菊儿胡同里的宝呢！当年这里是一座破庙，住了好多户人家，

扫描下方二维码，关注去来旅行公众号，回复"菊儿胡同"，即可观看视频

🏠 东城区菊儿胡同 41 号

下雨天都没法走路，吴良镛把这里变成现在这样！"

　　20世纪80年代末，北京市旧房危房改造将这里选为试点，并由两院院士吴良镛先生设计，他把"有机更新"理论运用其中，主张"按照城市内在的发展规律，顺应城市之肌理，在可持续发展的基础上，探求城市的更新和发展。"走进41号的单元门，看到一方空地，几株老树，据说当年改造的时候原有的树木被尽量保留下来，这方空地也是依照四合院的模式，留给街坊邻居的"户外公共客厅"。站在这个大客厅中，抬头看得到天空一角，伸手摸得到老树新芽，既保留了四合院的体系，又改善了当年深受危房之苦的居民生活，令人佩服。

　　在1993年，菊儿胡同改造项目获得联合国"世界人居奖"，一时间这条长度只有438米的胡同，名声享誉世界。20年过去了，这期间北京众多建筑拔地而起，但要想体会新旧合理改造的典范，必须来菊儿胡同走一遭。

⑧ MsMood

到溥仪的姥爷家喝杯下午茶 ▷

溥仪姥爷家里
的老式风情

经过这片粉墙黛瓦风格的建筑，往前走一点点就是昔日繁华的荣禄府邸。1836 年，荣禄出生在这里，当时他们家很大，3 号院是祠堂，5 号院是住宅，7 号院是花园。现在站在这儿，若不是看到墙上的标识牌，很难想象到这竟是当年深受慈禧太后青睐的重臣、末代皇帝溥仪姥爷的宅院。继续往前走会发现，差不多后半条街原来都属于荣禄府，只不过原来的花园已不在，住宅区也都成了大杂院，从所剩无几的雕栏画柱上还能窥视到当年的气派。

三层塔放在茶几上就像一件艺术品

荣禄府西边一座西式楼房还在，藏在北京一所研究所后面。绕过前楼，一转弯，一座通体白色的西洋小楼自成一格地呈现在眼前，四周被楼房包围着。小楼的门旁立着一块黑板，上面用五颜六色的粉笔写着"MsMood"，周围画着可爱的蛋糕图案等。一楼大厅装修富丽堂皇，天花板上做了几何形状的装饰，凸起处还涂了金色，中间悬挂着一盏吊灯，营造出一种金碧辉煌的气氛。对面就是前台，后面的墙上挂着四幅照片，分别是荣禄、蒋介石和两张毛泽东主席的照片，一切都无声无息地透露着历史感。喝下午茶的地方是上面的大堂，环境同样精致典雅，充满了西式风情，天花板上做了大量的花朵、花纹、枝蔓造型，复古、考究，尤其是硕大的花朵，

扫描下方二维码，关注
去来旅行公众号，回复
"MsMood"，即可观
看视频

花瓣饱满、质感厚重。大堂里摆放着几张美式沙发和茶几，茶位之间没有太明显的间隔，使这里看起来很像一个大的会客厅。二楼有单独的茶室，私密性很好，还有一片榻榻米区域和一个露台区，适合聚会。服务员小姑娘说："这里不仅是荣禄府的一部分，还做过蒋介石行宫，楼上有一间房曾做过宋美龄的卧室，有一间房以前是蒋介石的书房，但现在都是茶室了。"

除了"高大上"的环境，MsMood主打的英式下午茶更是颜值高、味道好。三层塔放在茶几上就像一件艺术品，芒果树莓杯、红豆抹茶布丁、水果塔、威廉姆奶冻、迷你芝士、红丝绒蛋糕、天鹅泡芙、牛油果三文鱼、咖喱鸡肉三明治等，让人爱不释手、不忍吃掉。

🏠 东城区菊儿胡同 7 号院内
☎ 18611173520

小楼的门口旁立着一块儿黑板，上面用五颜六色的粉笔写着"MsMood"

⑨ 戈多花园

守护住自己的美好与希望 ▶

　　走过北锣鼓巷口的几家店，往巷子深处前行好一会儿，几乎没有小店了，就在此时看到一排明亮的落地窗，隐隐约约地看到里面摆满了五颜六色的鲜花，乍一看好像是一个玻璃花房。胡同里会有花房吗？站在门口，看到"戈多花园"几个字。掀开门帘进去，整个人都愣住了，这么多的鲜花，如此浪漫的情调，真的像花园一样！

　　与老房子改造成的小店不同，店内的装饰使用了大量的白色，门口右侧有一只纯白色的鹦鹉，头顶一抹鹅黄，乌黑的两只小眼睛滴溜溜地转悠，古灵精怪的样子。中心区域是赏心悦目的鲜花台，摆放了很多鲜花，走过去就会闻到淡淡的混合香味。店里的姑娘说，鲜花是跟随季节而调整的，不同的月份来看到的鲜花都不一样。落地窗旁边是一个长长的吧台，坐在高挑的椅子上观赏街景最为恰当，两条腿耷拉下来，悠闲自得。往里走是白色的碎石小路，两侧是暗区餐位，私密性很好。走到小路尽头，沿楼梯而上，一缕缕阳光透过玻璃屋顶洒落在身上，温暖至极，抬头看到树枝摇曳，低头则

扫描下方二维码，关注
去来旅行公众号，回复
"戈多花园"，即可观
看视频

发现中间的地板也是玻璃的，刚好看到鲜花，有点儿画龙点
睛的意思。二楼的小摆设很多，处处透露着老板的用心。从
一楼生长上来的大树，穿过二层直冲屋顶，瞬间让人感觉这
个店都是围绕这棵树建的，有种回归大自然的亲近感。顺着
软软的"喵喵"声看过去，发现一只小猫，蹲在一边，样子
惹人疼爱，老板说这只猫就是镇店之宝——"饭团"。

店里提供的个
性小盆栽

　　店内的餐品也与花有着千丝万缕的关联，招牌饮品是玫瑰香饮、玫瑰特调等，招牌点心是玫瑰芝士、薰衣草冻芝士等，处处都有身在花园的感受。玫瑰香饮的卖相极好，细长高挑的杯子，盛着淡粉色的液体和几块冰块，清凉透亮。上面铺着几片粉红色的玫瑰花瓣，杯子外面挂着点点滴滴的冰凝珠，端在手里，丝丝凉意伴随着玫瑰香沁人心脾。轻轻地抿一口，这款饮品果然没有辜负它的名字，淡淡的玫瑰甜味，不浓不淡，苏打水清清爽爽，夏日里喝最合适不过。

東城区北锣鼓巷 57 号
010 64006432

扫描下方二维码，关注去来旅行公众号，回复"天堂时光"，即可观看视频

（北锣鼓巷店）

⑩ 天堂·时光旅行书店

手捧咖啡 一起聊聊旅途 ▷

　　漫步在宁静悠长的北锣鼓巷，抬头看到一排排五彩经幡般的旗帜，蔚蓝的天空下迎风飘动，定睛看一会儿，竟让人想到了雪域高原。顺着旗帜看到了一家小店的名字为"天堂·时光"，上面有一行藏文，下面写着"以梦为马，随风散落天涯"，好有诗意！店内装修很有藏式风格，最令人震撼的是满墙壁的西藏主题明信片和书签：西藏标志的蓝天、日光，身着绛红色僧袍的僧人，藏区孩子纯真的目光，雪山、湖泊、夕阳等景致，令人有身在拉萨的感觉。里屋的一面墙被做成了书架，满满地摆放着各种旅行书籍，同样有很多是关于西藏的。书架前的长桌旁，有几个人边喝咖啡边阅读，此情此景温馨、不做作，充满了文艺色彩。

　　店老板是一个对咖啡颇有兴趣的女生，为客人推荐饮品的时候会极为耐心地逐一介绍，在交谈过程中慢慢让客人找到一款适合自己的咖啡。然后就是最为精彩的地方：老板将一只带有刻度的玻璃壶放在电子秤上，旁边放一个小小的计时器，以一种极为严谨的态度来冲咖啡，还向客人介绍咖啡的特性、

充满浓浓藏味
的店饰

如何品尝、什么温度喝最好……待客好像对待老友，令人感动。
后来她自己也说，这个店的位置不是闹市，能来的都是比较
会玩的，至少是对城市有探索精神的人，一般来了之后还会
再来，因为喜欢店里的这种氛围。她自己也是一个喜欢旅行
的人，经常到处跑，会把途中带回来的一些小饰物放在店里，
比如贵州苗族的手工贴片，久而久之，店里的东西越来越多，
故事也越来越多。就是本着不想被束缚的初心，她辞去银行
的工作，开了这家店，过上了自己想要的生活。

　　作为一家与西藏有着不解之缘的店，除了提供咖啡之外，
还出售藏式酸奶。酸奶的味道很纯、偏酸，一口下去满口生津。
住在小店附近的邻居们都会过来品尝，尤其是放学的时候，
喜欢这个口味的小孩子便会来此喝一杯酸奶，再充满好奇地
看看店内的各种小物件。

东城区北锣鼓巷 45 号
18611641572

前海·荷花市场

清晨时分，北京城刚刚苏醒，前海边上出现了一个个买早点、买菜、遛鸟的身影。太阳爬到半空的时候，钓鱼的、下棋的、游泳的、踢毽子的，人一下增多了。到了中午，这里已是游客的地盘。再过几个小时，游人少了，当地人多了，除此之外，还多了一类人，就是生活在北京的人，泡吧、约会……很多故事又拉开了序幕！

那些熟悉又陌生的地方

同和居的招牌菜"三不粘"

同和居的招牌菜"九转大肠"

　　在北京，说到前海和荷花市场，恐怕没有人不知道。这里有酒吧、茶馆、小店，可以乘着船赏荷，可以坐着三轮车游览胡同，可以参观恭王府……这样一个用"游人如织"来形容一点儿也不过分的地方，背后还隐藏了许多鲜为人知，甚至是不为人知的地方。有趣的是，这些地方承载着很多故事，许许多多名垂青史的人物都曾在此隆重登场，你方唱罢我登场之后，尘归尘土归土。曾经作为舞台上演这些故事的建筑，建起来了、残破了、毁坏了、再建了……循环往复，一代又一代的北京人用自己的角度和方式，对其加以演绎，添砖加瓦，雕梁画栋，原来的样子依稀还在，只是滋生了新的元素。在这些建筑面前，凝视着它们，看得到历史与现代的摩擦，想象得到种种过往。唐宋元明清，千百年的时光瞬时凝结到这里，而幽默的是，尽管知道这些事件、人物、时间乃至意义，但谁也推算不到这里以后的命运！

　　游走在这里，用一个时髦的词汇来形容就是"穿越之旅"，但倘若换一个角度或者心态，这里的景色立刻为之一变。酒吧也好，胡同也罢，里面生活的还是地地道道的当地人，他们的喜怒哀乐，一颦一笑，都与这片土地紧密相连。

▷ **起始地**
什刹海地铁站

路线：①火德真君庙—②万宁桥及镇海兽—③京杭运河
积水潭港—④唐人茶道—⑤同和居—⑥会贤堂—⑦江湖
四大碗咖啡店—⑧柳荫街—⑨天主教司铎书院旧址—
⑩原辅仁大学旧址

◉ **终点**
北海北地铁站

① 火德真君庙

几代皇家寺庙 慈禧也要拜一拜 ▷

扫描下方二维码，关注
去来旅行公众号，回复
"火德真君庙"，即可
观看视频

走进寺庙，徐徐的香味扑面而来，空
气中弥漫着缕缕青烟

　　从地铁口出来，就被马路对面一座红墙碧瓦的建筑吸引，与周围青灰色的院落相比，这里实在醒目了许多。沿着朱红色高墙没走几步，抬头就看到黄金匾额上七个红色大字"敕建火德真君庙"。虽然是火神庙，从这个名字上就知道来历不凡，"敕建"说通俗点就是皇帝下令修建，能和皇家沾边，肯定大有来头。

　　据说，这座寺庙的历史可以追溯到唐朝，但久远的过去、过隙的白驹扬起阵阵风尘，模糊了视线，时至如今，这座建筑丝毫也找寻不到唐朝的样子。关于这座寺庙，有年代记载的

40

是元朝忽必烈时期，此时出现了一些传说逸事，但故事最多的时期还是明朝。崇拜真武大帝的明成祖朱棣，将这座道观定为"京城九庙"之一，这个华丽的转身，让这座寺庙的地位大为不同。到了明朝万历年间，这座寺庙迎来了鼎盛时期，尤其是震惊朝野的工部王恭厂火药库爆炸事件之后，对火神的祭祀更加频繁，每逢火神诞辰日举办的盛大活动，便成为京城一景。斗转星移，建筑残破了，重新修建，故事却从未停止上演。最为人津津乐道的事发生在清朝，光绪皇帝大婚前夕，宫里发生大火，慈禧大惊，亲自跑到这里敬香。老佛爷都来了，一时间，这座火神庙的香火更是鼎盛得不得了！

　　如今，这座火神庙保持着明清的建筑风格，进进出出，演绎的却是现代人的故事。曾经帝王将相出没的地方，寻常人家也可以过来拜拜。走进寺庙，徐徐的香味扑面而来，空气弥漫着缕缕香气，阻挡着视线，烘托出超乎俗世的氛围。适逢农历初一，上香的人络绎不绝。几个身穿道袍的道士，手拿法器，鱼贯进入大殿，顷刻间，耳畔响起音乐声，叮叮当当，清清脆脆，在熙熙攘攘的什刹海形成独特的风景。

> 🏠 西城区地安门外大街 77 号
> ￥ 10 元，农历初一、十五免票

② 万宁桥及镇水兽

长虹卧波 静观北京七百余年 ▷

　　从火德真君庙出来，看到一座汉白玉的石桥，叫万宁桥。桥的柱头上的莲花形态不一，有些已被雨打风吹得看不出莲花瓣的形状，变成一个浑圆的球体。轻轻地摸上去，平滑的表面下带着沙沙的颗粒感。桥上的石护栏新旧不一，北边第一块洁白如初，第二块却成了灰色，风沙、泥土化身为装饰物，镶嵌在深深浅浅的雕花图案上，留下抹不去的岁月痕迹。

　　很难想象，这座建于元朝的万宁桥，至今桥上依然车水马龙，公交车、小汽车、自行车、行人都从这里走过，于是，桥石板磨成了镜面，踩上去突然有一种心酸的感觉——悠悠七百余年啊，不管发生什么，它都静静地待在这里，一动不动，与这座城市不离不弃。

不管发生什么，它都静静地待在这里，一动不动

这是镇水兽，明朝的物件，保佑北京平
安的

沿着岸边走到桥下，绕过垂柳，争取最近距离地接近桥拱
处。传说，在这座桥下有一根石柱，上面刻着"北京"二字。
每年雨季，若是什刹海的水位把这两个字淹没了，北京就可
能发生水灾。我没有找到这根石柱，却在桥拱中央看到了一
尊小小的兽头石刻，已风化得看不清模样。水边钓鱼的大爷说，
这是水兽，传说它能吸水。

距离万宁桥几步远的水边，有一尊巨大的石刻。大爷说这
是镇水兽，明朝的物件儿，保佑北京平安的。手扒着铁栏杆，
仔细端详镇水兽，它的头探向水面，二目圆睁，聚精会神的
样子，好像时刻都警惕地关注着水的变化。水兽的背上有鳞片，
扭曲着腰身，尾巴垂到河岸下，姿态很美。

③ 京杭运河积水潭港

街心公园里的暖暖时光 ▷

　　和煦的阳光洒在堤岸，沐浴在阳光中沿水而行，不远处传来一阵阵欢声笑语，顺着声音找去，过马路，走到一条铺着鹅卵石的小径上，奇怪的是在小径的起始点有一块方砖，上面刻着"杭州"二字。顺着小径往前走，又看到"苏州""扬州""淮安"等城市的名字，绕过一棵棵绿树继续前行，最后看到的是"北京"，到了这里也找到笑声的源头。几位老人围成了一个圈，踢着毽子，时而聊上几句，你一言我一语，一片笑声。坐在旁边的长廊内，看着这群老人，有的已满头白发，腿脚已不似年轻人那般矫健，但也尽可能地去接毽子，即便落空了，一笑了之，回到自己的位置，该说说，该笑笑。

　　绕过人群，看到立在树丛中的一块石头，上面写着"京杭运河积水潭港"。难怪那条小径上的地名看起来眼熟呢，原

顺着小径往前走，能看到"苏州""扬州""淮安"等城市的名字刻在地上

　　来是京杭大运河主要的流经城市。元朝忽必烈时期，将积水
潭设为京杭大运河终点，积水潭又叫西海，这里的水系与后海、
前海相通，这样，位于前海的万宁桥下的闸口自然成了这条
运河最北边的闸口。

④ 唐人茶道

静享水边的绿茶时光 ▶

白底蓝花的陶瓷三才
盖碗,白底晶莹剔透,
蓝花淡雅端庄

　　沿着前海东沿溜达着,一边是依依拂柳,在春风下轻吻人脸,一边是桃花含情带笑,粉红色的花瓣在春光中摇曳生辉。这应该是前海最美的时光了!

　　在路旁有一座古香古色的茶馆,最吸引人的是茶馆的窗户,雕刻着花纹的木窗非常宽敞,屋内可以看到太师椅、茶几、茶具、多宝阁等,窗上悬挂着一串串红色的中国结,典雅中多了一份喜气洋洋的氛围。走进茶馆,坐在窗边,一泓平静的湖水近在眼前,波光粼粼,水面上偶尔有几只游船经过,悠闲自在。窗外就是前海南沿,响着清脆铃声的三轮车飞驰而过,抱着顽童的大爷大妈有说有笑地遛弯,一手提着鱼竿、一手拎着鱼篓的垂钓者走到水边……坐在窗前看着,好似看戏一般,两边垂下的窗帘犹如剧场的大幕,一幕幕生活剧正活色生香地上演着。

扫描下方二维码,关注
去来旅行公众号,回复
"唐人茶道",即可观
看视频

穿着长裙的服务员端上来一杯乌龙桂花茶，白底蓝花的陶瓷三才盖碗，白色晶莹剔透，蓝花淡雅端庄。掀开碗盖，一股幽幽的桂花香夹杂着乌龙茶香飘散出来，闭上眼睛好像站在桂花丛中。闻闻碗盖，上面也有淡淡的桂花香味。再看看茶碗里，喝饱水的茶叶一片片绿油油的，茶汤也呈现出淡淡的绿色，轻轻抿一小口，唇齿之间口腔之内都充盈着桂花和乌龙茶的香气。喝着茶，耳边飘着悠扬的古琴曲子，门口的两只鹩哥时而说"你好"，此情此景，令人想到"偷得浮生半日闲"这句话。

服务员过来添水，客人不多，小姑娘不是很忙，闲聊起来，她说："来我们这里的朋友聊天居多，但其实一个人这么过来坐坐也很好，茶馆安静，抬头就能看到湖水，令人心旷神怡，特别平静！"听了这句话，突然觉得这里不单是茶好了……

西城区什刹海前海南沿
010 64070426

古朴的"唐人茶道"画额

47

⑤ 同和居

细细品尝这百年鲁味 ▷

　　走过人潮涌动的荷花市场，经过装饰风格各异的店铺，它们有的大门紧锁，可能酝酿着一场璀璨的晚宴；有的开门营业，在水边的杨柳下摆放着桌椅，营造出一点小情调。快走到荷花市场的尽头，看到一座码头，各种游船停在水面上，随着水波轻轻地摇荡，起伏有度。在码头的对面有一栋仿古的建筑，门口端坐着两只石狮子，里面一扇垂花拱门，上面悬挂着黑匾，书写着"同和居"三个金色大字，落款为"溥杰"——清朝末代皇帝爱新觉罗·溥仪的弟弟，我国著名的书法家。

　　与外面的古朴不同，同和居内部的装饰融合了现代元素，金光闪闪的水晶吊灯、宽敞透亮的橱窗、餐桌中心的郁金香，以及粉红色的餐巾折花……这些让这座开业于清朝道光年间的饭庄充满了活力。但据说，当时这座饭庄并不坐落于此，

而是后来才搬迁到这里的。作为京城里较早经营鲁菜的饭庄，曾经是"八大居"之一，现在其已被列为"中华老字号"名列中。早在民国初年，同和居的掌柜请来宫廷御膳房师傅来此掌勺，宫廷菜的引入，使得同和居名气更大，备受食客追捧。

　　如今，在同和居依旧能吃到当年御膳房师傅们的拿手菜，如"三不粘"，这道菜已经成为这里的招牌菜。三不粘上来的时候，服务员都会做一番讲解："这道菜由鸡蛋黄、绿豆粉、白糖等制作而成，已有两百多年的历史，是慈禧太后喜欢的一道甜品。它名字的来历是不粘盘、不粘匙、不粘牙，要想达到这个效果，需要由大师傅在制作过程中手不离勺，锅不离火，搅动三四百次，非常考验火候。"看着盛在圆盘中的三不粘，金黄软糯，用勺子挑一下，果然软塌塌地离开盘子，盘底一点儿也没有粘上，放下去的时候，勺子上也果真没有粘上一点儿。吃到嘴里，软软柔柔，华润香甜，虽然糯，但不粘牙，很劲道。咀嚼起来毫不费力，甚至有些融化了的感觉，很奇妙，不愧为响当当的招牌菜。

🏠 西城区地安门西大街
51-2号
☎ 010 83229599

⑥ 会贤堂

与老房子的奇妙偶遇 ▷

　　与会贤堂的相遇纯属偶然，在原本的计划中是没有这里的，但从荷花市场走出去，看到马路对面一栋朱红色的木质两层楼。房子虽已破败，但从气势、格局上就能推测出其不凡的身世。走到门前，看到"会贤堂"三个大字，原来这就是曾经北京"八大堂"之首的会贤堂。

　　朱红色的大门，油漆已经剥落，高高的门槛已荡然无存，但旁边快及膝的门墩还在，圆形的门墩彰显主人曾经文官的身份。门墩已被岁月打磨得发亮，上面的花纹还在，只是有的地方已模糊。在门上有四个门簪，每一个上面都镌刻一个字，连起来是"群贤毕至"，由此可见，昔日这座院子里肯定少

门左边墙上一张图片，镶嵌在画框中，几进院落，历历在目

不了文人墨客。门右手边的墙上挂着一块介绍牌，上面写着这座建筑的介绍，大致为"原是清光绪时礼部侍郎斌儒的私第，清光绪十六年（1890年）左右，山东济南人在此开设会贤堂饭庄。会贤堂占地近3000平方米，建筑面积约1800平方米。原有戏台、瓦房、平房100余间，二楼有栏杆可眺望什刹海……"

正打算进去，被门口的保安拦住："不好意思，这里不能参观！"

"为什么？"

"现在这里面还有居民住的，虽然搬得只剩下那么几户了，但也不能参观。"

"里面还有什么老建筑吗？"

"还有一些，有关单位在清理。你看这边的图片，以前就是这样的。"

顺着保安手指的方向，能看到门左边墙上一张图片，镶嵌在画框中，几进院落，历历在目。

"这个门墩还是老物件，里面好像还有一座戏楼，听说以前梅兰芳都来唱过堂会……"

这个门墩还是老物件

🏠 西城区前海北沿 13 号

⑦ 江湖四大碗咖啡店

豪气与自由并存的胡同咖啡店 ▷

即使是自己所生活的城市，每次出来玩也都会有新的发现，这次的新收获就是这座叫"江湖四大碗"的咖啡店。

从前海北沿走到前海西沿，看到一条叫"三座桥"的胡同，里面有几家小店。在好奇心的驱使下走进去，迎面就能看到一个红色的大招牌，写着"江湖四大碗"。名字很有意思啊，充满了古龙小说的味道！更好玩的是门上的营业时间。正常开门：10:00，睡过头了：11:00，旅游去了：不开门，泡妞去了：不开门，正常打烊：21:00，姑娘太多：23:00，有美女：不打烊，全是爷们：提前打烊。记得以前在网上看到过这句话，

墙上做了一个置物架，上面摆放着咖啡，还有一盆枝蔓垂下来的绿萝

没想到还真遇到了一个这样的店，就冲这句潇洒的话，也要进去坐坐。

咖啡店的门上面挂了一个铃铛，门被推开，铃铛发出"叮叮当当"清脆的响声，紧接着的就是店老板的问候声。店内摆设很简单，吧台上放了一只胖乎乎的招财猫和一些餐具，不大的空间内有几副桌椅，墙上做了一个置物架，上面摆放着咖啡，还有一盆枝蔓垂下来的绿萝。点一杯咖啡，和老板闲聊起来。老板说："这家店开了3年了，是和朋友一起开的，店里也没有店员，自己和朋友俩人轮流过来打理。咖啡店开在一条只有散客才会来的胡同，客源不会像后海酒吧街那么多，但开销也少了不少，经营起来还算顺利，至少时间是自由的！"最后一句话太有震撼力了，不管对于谁来说，时间自由都是相当不易的。由此，也想到了店名中的"江湖"二字，感觉老板身上还带着一股江湖的自在、自由、豪气、理想……于是决定，以后只要走到这里，都要进来坐坐，为"时间是自由的"喝一杯咖啡！

西城区三座桥胡同3号
（近恭王府南门）
010 83229001

⑧柳荫街

找寻春天的味道 ▷

　　最能体现春天的树，想必当属垂柳。当寒冬退去，春风又绿，第一个感应到的就是柳树。当柳枝变软，鹅黄悄悄地代替了枯枝，一阵风过，满树的千丝万缕随风轻舞，飘飘摇摇，婆娑妩媚。此时，在北京，要到柳树多的地方去欣赏曼妙多姿的垂柳，就要去柳荫街。

　　经过熙熙攘攘、游人如织的恭王府大门，顺着高大的府墙一直走，拐弯处看到墙上一方红色的路标"柳荫街"。转过墙来，满眼的绿意，空气中还夹杂着丝丝的芬芳。柳荫街很安静，一边是王府灰色的高墙，一边是一家家住户，鲜有游人。

扫描下方二维码，关注去来旅行公众号，回复"柳荫街"，即可观看视频

据说，这条幽静的街道曾有一个霸气的名字，叫"元帅街"。追寻武将的故事，则久远了许多。汉代名将李广大将军凯旋，曾经过这里的一座桥，后来此桥得名"李广桥"。无独有偶，两千年过去了，有一位元帅住在这李广桥附近，他就是徐向前。除了徐向前，聂荣臻、王震、张爱萍、杨尚昆等人也都曾在这里居住过。

迎着暖暖的春风，呼吸着柳树散发的味道，往前走着，到一处街心公园，看到一座纪念碑，正是清明时节，纪念碑周围摆满了花篮，前方两棵不高的松树点缀着白色的纸花。走上前看到碑上书写着"优秀警卫战士袁满囤烈士纪念碑"，落款为"徐向前"。袁满囤是徐向前的警卫员，1982年2月24日夜间，他两次入水救落水人员，因冰冻、呛水严重，停止了呼吸，年仅21岁。徐向前亲笔题写了袁满囤纪念碑，并为柳荫街题写"柳荫文明街"。由此，这条只有560余米的街道，多了一个雅号。

一阵风过，满树的千丝万缕随风轻舞，飘飘摇摇，婆娑妩媚

⑨天主教司铎书院旧址

去安静的"恭王府后花园"看看 ▷

　　柳荫街后面愈发安静，街道也变得宽阔，鲜有行人，在这样的环境中，让人觉得整个身心都舒展开来。走到一座院子前，朱红色的大门，油漆鲜亮，门前一尘不染，最有趣的是院墙与恭王府连着，使人好奇心顿生。

　　站在门前往里张望，微风吹过来，淡淡的苦涩中略带芳香，一阵似有似无的杨树味道夹杂在春风里，沁人心脾。门口的正面有一座不高的假山，上面有一尊白色圣母玛利亚塑像，面目安详。假山的下面有一方小水池，里面几尾金鱼游来游去，阳光下泛出粼粼波光。

门口的正面有一座不高的假山，上面有一尊白色圣母玛利亚塑像

"不好意思，这里不能参观！"一位面容和蔼的阿姨走了过来。

"请问这是哪里呢？我看到大门上挂了好几块牌子。"

"这里现在是中国天主教主教团，一处办公地。"

"这里和恭王府有什么关系吗？我看墙……"

"这个院子原来就是恭王府里的一个小院子，属于后花园的一部分，1937年的时候，辅仁大学为了扩展规模，把这里买了下来，开办司铎书院，司铎就是神父的意思。"

假山的下面有一方小水池，里面几尾金鱼游来游去，阳光下泛出粼粼波光

"现在这里的建筑还是原来的吗？"

"有啊，这座主楼是1940年建的，据说当时把恭王府的花房和花神庙拆了。原来楼顶还立着十字架，后来拆除了，原来的走廊也用玻璃密封起来。这个院子保护得很好，算是原汁原味了，毕竟这么多年了！"阿姨说着，回头用手指着一座中西合璧风格的大楼。四层高楼，墙体为灰色，配着朱红色的柱子和窗框，屋顶为琉璃瓦歇山顶门楼，气派庄重，不失中国风的味道，又显得与众不同。

🏠 西城区柳荫街 14 号
☎ 010 66184320

⑩原辅仁大学旧址

薪火相传 以文会友近百年 ▷

从柳荫街走到定阜街，沿途经过一座高门大院，就是现如今的北京第十三中学，曾经的涛贝勒府。这里转过去就是定阜街，关于这条街的名字可以追溯到明朝，开国元勋徐达之子徐曾寿曾被追封为定国公，他的王府坐落于此，"府"与"阜"同音，街名由此而得。

定阜街1号就是曾经一度辉煌的原辅仁大学旧址，现在的北京师范大学北校区，其和北京第十三中学一样，曾经也是涛贝勒府。涛贝勒名爱新觉罗·载涛，是光绪皇帝的亲弟弟，溥仪皇帝的亲叔叔，由此可想象到当年这座王府是如何之庭院深深深几许！据说，这位涛贝勒喜欢养马，如今原辅仁大学旧址就是马场和马圈，张作霖还曾和这位贝勒爷在此赛过马。

大拱门上的汉白玉浮雕

清朝灭亡以后，昔日享惯了清福的涛贝勒，迫于生计，将自己的府邸长期出租，贝勒府摇身一变成为辅仁大学。即使今天，站在这座大学主楼前也能感受到当时"北平四大名校"之一的风采，汉白玉的大拱门，绿琉璃的瓦顶，歇山式屋顶，厚重的墙身，汉白玉的须弥座，前方种植着一排广玉兰，开花时节，景色更胜一筹。

当年的辅仁大学能与清华、北大、燕京大学齐名，自然有着不一般的学术氛围。继英敛之之后，陈垣接任校长，辅仁大学迎来了辉煌时期，周作人、朱光潜等学者都在此任教。卢沟桥事变爆发后，北京的许多高校迁往云南，辅仁大学依然照常上课，"不悬伪旗，以示不屈"，成为当时北京的一针镇静剂。新中国成立后，辅仁大学被划为北京师范大学北校区，陈垣先生继续出任校长，直至逝世。

作为教育机构，这里没有对外开放，对这座建筑好奇的人走到大门处都会看看简介，好奇心若是再大一些，走到汉白玉拱门就被保安拦下，只能在楼前玉兰树下徘徊。

🏠 西城区定阜街 1 号

张自忠路·府学胡同

现在走到这里丝毫感受不到那个动荡不安岁月的紧张气氛，也嗅不到历史上的血腥味道，所发生的一切，都如过眼云烟，飘散在这条被拓宽的道路上。

聆听老房子讲最动人的故事

"花生咖啡"

白魁老号饭庄使用的饭票

文丞相正襟危坐的塑像

张自忠路，平安大街的一部分，北京城东西方向的第二条交通大动脉。可以说在北京大部分人走过这条道路，但对于这条道路的变迁，发生在这条道路上的故事，以及这条路上遗留下来的那些至今仍能看到的承载着历史的建筑，似乎关心者很少。这条在我国近代史上有着举足轻重地位的道路，见证了许多历史时刻，其中最重要的有孙中山先生的逝世、北洋政府的兴衰、"三一八"惨案，每一件都可以让当时的中国为之一震。新中国成立后，毛泽东同志亲自签发了三位抗日英烈的烈士证书，并以三位的名字命名了北京市内三条道路，张自忠路就是其中之一。近百年过去了，那些见证历史时刻的建筑还在，但在里面活动的人变了，建筑的功能也变了，它们被用于办公、民宅、咖啡馆、画廊、表演场所等，被赋予了新的时代意义，成为北京城内新的亮点。

在张自忠路北边，有一条与之平行的胡同，叫作"府学胡同"，因顺天府学坐落于此而得名。胡同很安静，少有游客光顾，更少有小店和餐馆。只有在早晨和傍晚能听到孩子们叽叽喳喳的话语声，或是欢快明朗的笑声。之所以这样，原因很简单，这座明清两代北京士子们进修、学习、考试的顺天府学，如今已是府学胡同小学了，虽不能进入参观，但站在外围依然能看到内部的建筑。而旁边的文丞相祠更值得一看，想想凛然豪气的《正气歌》，用一句时髦的话说，真是"浑身充满了正能量"，由此，怎能不到这里瞻仰一番呢！

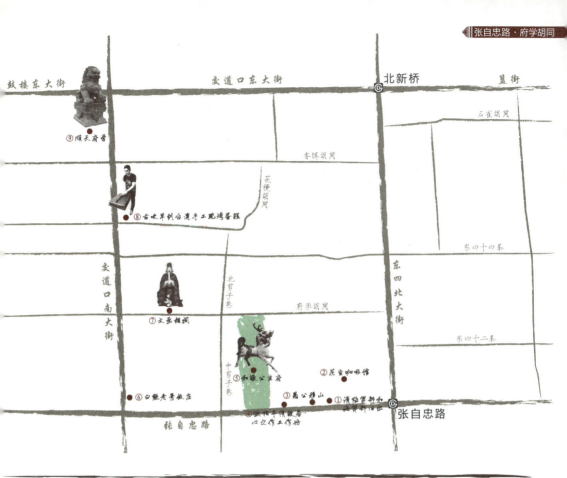

鼓楼东大街　　交道口东大街　　北新桥　　篮街

石雀胡同

⑨顺天府学

李馔胡同

花梗胡同

⑧古味早到台湾手工现烤蛋糕

东四十四条

交道口南大街

北剪子巷

府学胡同

⑦文丞相祠

东四十二条

东四北大街

中剪子巷

和敬公主府　　②花生咖啡馆

⑥白魁老号饭庄

③愚公移山　　①清陆军部和海军部旧址

④欧阳予倩故居·心之作工作坊

张自忠路

▶ **起始地**
　张自忠路地铁站

路线： ①清陆军部和海军部旧址—②花生咖啡馆—③愚公移山—④欧阳予倩故居·心之作工作坊—⑤和敬公主府—⑥白魁老号饭庄—⑦文丞相祠—⑧古味早到台湾手工现烤蛋糕—⑨顺天府学

◉ **终点**
　鼓楼东大街

① 清陆军部和海军部旧址

风风雨雨 见证历史数百年 ▷

　　站在张自忠路上的任何角落，都会看到一片面积不小的中西合璧式建筑，深灰色的墙体掩映在高大的树影中。春夏两季，树影婆娑，这里散发出浓烈的异国情调；秋冬时节，草木凋零，这里则呈现出莫名的沧桑感……

　　从张自忠路地铁Ａ口出来，走几步路就到这里，与里面的西式建筑不同，其大门是一座纯古式建筑。门两边各有一尊石狮子，目若铜铃，威武挺拔，其一人多的高度足以说明这座建筑大有来历。六扇朱红色大门，每座门前都有一对及膝高的门墩，圆形的门墩雕刻着复杂多变的花纹，最上方有一只狮子头，中间大门上的狮子已被人摸得棱角全无，难以辨认。在大门的旁边还竖着两块石碑，一块写着"清陆军部和海军部旧址"，一块写着"三一八惨案发生地"。其实，除了这两个历史标签之外，这里还有一个广为人知的名字，就是"段祺瑞执政府旧址"。但若一点点地追溯这里的历史，则可以从清朝顺治时期说起。此地的西部，原为顺治第五个儿子恭亲

大门口的汉白玉石狮子

正因为时间久远，出于安全起见，建筑内部多为木质结构

王常宁的府邸。而此地的东部，则要从康熙时期说起，康熙帝第九个儿子子胤禟的府邸就位于此。在"九子夺嫡"的过程中，这位九皇子是八皇子和十四皇子的支持者，雍正登基没多久，他便走完了短暂的人生。雍正帝将这座府邸赐给自己的第五个儿子，这里摇身一变成了和亲王府。关于这段历史，门口的石狮子就是最好的见证。

进入大门，古朴凝重的西式建筑映入眼底，灰砖楼，外檐有联拱柱廊，最顶层有一只大钟，看起来历经悠悠岁月的样子。走进这座主楼，墙面布满精细、华丽的砖雕花纹，清晰可见，不得不佩服啊，这么多年了，还保持得这样完好。正因为时间久远，出于安全起见，建筑内部多为木质结构，很多地方大门紧锁，有的楼梯也被封上了，原来用于办公的地方也被清理出来。这些应该是建于清朝光绪年间的建筑了，据记载是于1907—1909年建成，用做陆军部——晚清时期最高的军

事指挥单位。1910年，清政府成立海军部，则在东部办公。
这片建筑群虽是西式风格，却由中国人主持设计，建筑所用
的经费是慈禧太后修建颐和园剩下的款项。但她做梦也想不
到，清朝灭亡的第二年，袁世凯出任中华民国临时大总统，
将总统府、国务院都设于此地，如今还能看到当年袁世凯内
阁成员在主楼前的合影。12年后，段祺瑞执政，继续将府邸
设在这里，并改称"执政府"，这也是"段祺瑞执政府旧址"
这个名称的来历。1926年3月18日，李大钊率领游行队伍
在此请愿，发生了"三一八"惨案，学生刘和珍当场死亡，鲁
迅先生为此写下著名的《记念刘和珍君》这篇文章。这一幕
就发生在这座建筑的大门口处……咀嚼着发生在这里的历史，
令人有种百转千回的感觉。若不是到此走走，很难想象这些
在书本上学到的历史，发生地就在自己的身边。

　　绕到后面，有一座面积不大的花园，樱花、丁香花、玉兰花开得正忙。在花园的正入口处有一架紫藤，后面有一个喷水池，里面竖立着一块太湖石，可惜水池已经干枯，让花园少了一份生机。与前面的主楼不同，这里红白相间的两层楼房，显得很有活力。在这片区域内如今仍居住着很多人家，洋溢着生活气息。午后时分，很多老人仨一群，俩一伙地出来遛弯，步履缓慢，神态自若，好像这里发生过的一切都和他们没有任何关系，这里对于他们而言就是"生活"。

🏠 东城区张自忠路3号

整个建筑的雕刻很精美，柔和的线条中带着沧桑

② 花生咖啡馆

书香伴着咖啡香 ▷

这里的招牌咖啡自然而然便是"花生咖啡"

在清陆军部和海军部旧址内逛够了，想找一个地方坐坐，休息一下，刚好就走到了花生咖啡馆。与街角的咖啡店不同，花生咖啡安静了好多，外面摆放着几副桌椅，给人随性的感觉。内部的装饰也很简单，不浮夸，水泥墙面，木质桌椅，有些椅子还是八九十年代学校或者办公室用过的，放在一起虽然风格不同，但这种混搭也营造出随意的氛围。

一进门右手边有一个书架，最顶层摆放着假花、陶瓷制品等小物件，下面整齐地码着一排排图书。与书架相比，其旁边桌子上的图书更多，一摞一摞地躺在那里，有很多台湾原版的过期杂志，还有一些旅行绘本，以及各种人文书籍，仿

在一进门右手边，有一个书架，
最顶层摆放着假花、陶瓷制品
等小物件，下面整齐地码着一
排排图书

佛静静地等待着有缘人拿起。随手拿起几本书翻几页，都会
看到上面有一个"花生文库"的盖章。桌子靠墙壁的一端刚
好是一扇窗，天气好的时候，阳光铺满书面，封面反射出刺
眼的光亮，这一幕，打动着众多的书虫和小清新们的心。窗
台上摆满了各种各样的小物件，听说是老板从世界各地带回
来的，若真是这样，那每件都有一个故事，店老板也是一位
有故事的人。

🏠 东城区张自忠路 3 号院内
☎ 010 64030688

　　咖啡馆的名字里有"花生"，这里的招牌咖啡自然而然便
是"花生咖啡"。醇香浓郁的花生味融入苦涩的咖啡中，口
感别致，令人又爱又恨，爱它的人觉得其味道特别，恨它的
人则也因为此。一边喝着咖啡，一边翻看着书，顷刻间两种
味道混合在一起，不分彼此，组合成一股奇特的味道，让人
觉得书更有意思，咖啡更有味道。

③ 愚公移山

北京 LIVE HOUSE 中的老字号 ▶

　　走过清陆军部和海军部旧址大门西侧的石狮子，看到一扇粉色的大门，映衬着的灰砖墙体好像有点 3D 画作的感觉，在门的一侧竖着一只细长的灯箱，上面写着"愚公移山"。白天的时候，即使粉色的大门敞开着，也是门可罗雀，人来人往的张自忠路上，似乎没什么人注意这里。但到了有演出的晚上，这儿进进出出，成为 LIVE HOUSE 迷的天堂。"LIVE HOUSE 泛指具备专业演出场地和高质量音响效果的室内演出场馆"，备受喜欢音乐的年轻人推崇，与普通的酒吧相比，LIVE HOUSE 的音乐器材、音响设备好很多，演出气氛比体育馆的效果更胜一筹。

　　我在一个没有演出的傍晚，拜访了这扇粉色的门。进门转

在门的一侧竖着一只细长的灯箱，上面写着"愚公移山"

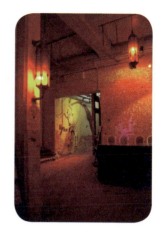

弯，里面空间立马开阔了，墙上贴了一些演出海报，笼罩在红色的灯光下，烘托出神秘的氛围，又有点小小的紧张气息。在一侧过道的墙壁上有整幅彩绘，工业题材，与墙上架着的管道很吻合，尽管底部的墙皮有些剥落，也并不影响欣赏。听说这里以前好像是一处厂房，后来才改建成现在模样的，这样看来倒还有几分当年的遗迹。进入一扇小小的门就是演出场地了，对门是吧台，屋子两边摆放着桌椅，留出中间硕大的空场，最前方是表演场地，有与观众席连在一起的感觉。真的蛮震撼的，想象一下歌手与乐队近在咫尺的动情演出，是多么令人兴奋，这应该就是 LIVE HOUSE 的魅力吧！也很佩服发现这里的人，能够把一个历史悠久的地方改变成一个如此现代的场所，毕竟来这里表演的多为摇滚乐队。

　　试想一下，某个激动人心充满诚意的演出，表演者与聆听者一同站在这个几百岁的建筑物里，音乐穿越时空，跨过地域，表演者用音符点燃了聆听者的细胞，聆听者用兴奋之情回馈给表演者，就在此时，已经很难把两者区分清楚，他们成就了彼此，与音乐融为一体。

进门转弯，里面空间立马开阔了，墙上贴了一些演出海报，笼罩在红色的灯光下，烘托出神秘的氛围

🏠 东城区张自忠路 3-2 号
☎ 010 64042711

④ 欧阳予倩故居·心之作工作坊

老式洋房中的现代手工 DIY ▷

尽管有些破败，却还能感受到当年风雅情调

　　沿着张自忠路往西走几步路，便看到一排灰砖拱形的窗户，紧接着是一扇砖拱门，走过去便看到墙壁上写着"欧阳予倩故居"。这位我国著名戏剧的泰斗是我国第一部话剧《黑奴吁天录》的首演参与者，在新中国成立后，他携全家居住于此。这方小天地，虽然不能与两边的高门大院相比，但里面的西式小洋楼至今看起来也别有洞天，尽管有些破败，却还能感受到当年风雅情调。住在这里的一位大爷说："欧阳予倩先生曾居住在这座院子的后面，现在依旧有人居住，不对外开放。听说前面这座保存好的是当年沙可夫住过的。"这座小院，曹禺、孙维世、金山等人也都先后居住过，所以一度成为当时文化名人聚会的地方，大家谈笑风生，文采飞扬。

东城区张自忠路 5 号
18600069161（心之作
工作坊）

在这里除了可以学服装制作，
还可以学制作手工皮具、刺绣、
花扣等

　　沿着小路往里走，看到院子内有一扇放满了花花草草的窗
户，对面还养了很多只鸽子。这就是心之作工作坊，也叫"马
丽雅缝纫教室"，是一间以手工 DIY 为主的工作室。老板是一
位漂亮的女孩子，曾经在法国学服装专业，回国后出于个人爱
好和生活方式的向往，开设了这家工作室。在这里除了可以
学服装制作，还可以学制作手工皮具、刺绣、花扣等，周末
的时候总会看到几个喜欢动手的女孩子在这里一起穿针引线。
而用店主的话说就是："做自己喜欢的事多幸福啊，在阳光明
媚的天气里，几个志趣相同的人围坐在露天院子里，有说有
笑的，共同做一件事情，简直太舒服了！"

⑤ 和敬公主府

今晚，住在乾隆女儿家 ▷

公主府里的精美石雕

　　在张自忠路上还有一座很显眼的宅子，就是和敬公主府，在欧阳予倩故居西面。走到和敬公主府处，最醒目的就是公主府的朱红大门，和两边墙上的雕花。雕花很漂亮，保存得很完好，雕工精细，一朵朵花瓣生动鲜活，虽不知道创作时间，但也不妨碍对它的欣赏。在墙的一边挂着的一块牌子，是对这座建筑的简略介绍。站在公主府的侧门往里看，这座乾隆皇帝掌上明珠的府邸看上去有点儿寥落萧条，不过格局仍在，昔日皇室显赫的气息仍在。

　　这位公主的全称为"固伦和敬公主"，固伦是清朝公主的最高等级。她原是乾隆的第三个女儿，由于前两位女儿很小就夭折了，乾隆对这个女儿更是格外疼爱。公主16岁出嫁，因乾隆皇帝不忍爱女远嫁，破例让她留在京城，这一举动，开创远嫁公主留驻京城的先例，而这座公主府自然也成了清朝唯一一座固伦等级的公主府。之后，公主的后人们继续住

公主府的铜麒麟

在这里，直到民国期间，最后一位主人将府邸出售给张宗昌，后又被北洋政府占用，并对府内进行改建。新中国成立后被机关单位占用，后被列为北京市级文物保护单位。

在和敬公主府的内部有一座宾馆，叫作"和敬府宾馆"。进大门，沿着一条长路一直走下去就会看到。进门的左手边有一扇殿门，门口两尊石狮子把门，旁边还各有一棵大树。听说，在这座府邸里除了这两只石狮子之外，大部分经过翻新、重建。晚上，外面的车水马龙逐渐消逝，宾馆内异常安静，甚至让人觉得有点儿落寞，站在院中，想想这是昔日固伦和敬公主的家，瞬间有一种穿越的感觉！

🏛东城区张自忠路 7 号
☎010 64017744（和敬府宾馆）

⑥ 白魁老号饭庄

怀旧感十足的清真老店 ▷

由和敬公主府往西走，过中剪子巷就会看到一座古色古香的大门，上面没有任何文字，在旁边的围墙上有一块儿红色的门牌，写着"张自忠路 23 号"，这就是孙中山行宫，现为一处办公地，不对外开放。1925 年，孙中山先生在此寿终。走过这里，继续向西，直至张自忠路与交道口南大街交叉口，就是白魁老号饭庄。

这个饭庄的名字简单直白，通俗易懂，把关于这里的简要情况都说明白了。"白魁"是创始人的名字，"老号"可以理解为"清真老字号"的简称，据说，其前身是创办于清朝乾隆年间的东长顺清真饭馆，至于"饭庄"就不用解释了。白魁老号饭庄的总店曾经开在隆福寺街，在各区还有几家分店，如今只剩下交道口和安定门两家店，而交道口店就是这里。

一张张红红绿绿的纸票，大约两指宽，很薄

饭庄的大门装饰一新，但里面还是充满怀旧的味道，尤其是点餐的时候需要先买票。看好售票台后面的价目表，根据自己想吃的东西，交钱买票。一张张红红绿绿的纸票，大约两指宽，很薄，一点点水或者油就会透过，拿在手上有一种粗糙感。纸票分为 2 元、5 元不等，上面印着"隆福寺小吃店餐券，当日有效，过日作废"的字样，还印着一个红色圆圆的"隆福寺小吃店专用章"。买好票就可以去点餐了，若票没用完可以回来退钱，若不够用则再来补买，可以说，到了点餐的时候，工作人员"认票不认钱"！

蛤蟆吐蜜其实就是豆馅烧饼

　　作为有着百年历史的老字号，肯定有自己的绝活儿，白魁老号饭庄的招牌菜和小吃品种繁多，招牌菜主要是烧羊肉，而小吃太多了，糖火烧、蛤蟆吐蜜、杏仁豆腐、红豆粥等都不错。糖火烧有点儿发红棕色，表皮酥酥的，容易掉渣，咬一口，口感酥软，吃起来很有层次，嘴巴里甜甜的，但不腻。配上一碗黏黏稠稠的红豆粥，味道刚刚好，粥里面的红枣、莲子、花生，糯糯的，舌头轻轻抿一下就融化了。蛤蟆吐蜜其实就是豆馅烧饼，据说是因为在烤制过程中，烧饼边开口露出豆馅，由此得了这么一个俗称。白魁老号饭庄的蛤蟆吐蜜超级赞，里面的豆馅很满很满！烧饼边裹着一圈芝麻，一口吃下去，满嘴的豆馅，很满足的感觉，嚼起来豆香和芝麻香混合在一起，更是妙不可言，芝麻解去了豆馅的甜味，豆香提高了芝麻的香味，令人忍不住咬下第二口。除了这些，面茶、豌豆黄、奶油炸糕、门钉肉饼、糖耳朵、豆汁等老北京特色小吃，在此都可以品尝到。

白魁老号饭庄的招牌菜和小吃太多了

🏠 东城区交道口南大街
　　158 号
☎ 010 64040967
🕐 早点 6:00-10:00
　　正餐 11:00-14:00
　　晚餐 17:00-21:30

⑦ 文丞相祠

悠悠七百年 浩然正气今仍在 ▷

　　吃过白魁老号后往回走几步，穿过中剪子胡同就是府学胡同，往西走就是文丞相祠。祠堂门是两扇红色木门，与旁边的灰色矮墙色彩对比鲜明，非常好找。在木门上方悬挂一块匾额，书写着"文丞相祠"四个大字。拾级而上，走到祠内，安安静静、冷冷清清，不由自主地发出一句感慨：好一方宁静院落！

抬头就看到文丞相的塑像正襟危坐

　　正对着大门的是一块汉白玉石碑，正面用流畅的线条雕刻了文天祥身穿官服的半身像，东边的墙壁上刻着他的《正气歌》，大厅开辟为"文天祥生平展"。进入第二进院落，立即被一棵枝丫系着红布条的枣树吸引住了，高大粗壮的枣树主干和枝叶向南伸展，歪着脖子，不得已用铁杆支撑着，树上开着星星点点的黄色小花，招蜂引蝶，满院浓香。传说，这棵树是文天祥亲手种下的，至于为何向南倾斜，被人们臆想为"臣子心一片磁针石，不指南方誓不休"。

　　正殿是祠堂的重要参观地，即使是三伏天，堂内也有些阴凉，站在这里也能感觉到阴湿之气，想当年文天祥就是被囚

禁在这样的地方吗？当时应该比现在更为阴冷潮湿吧？站在
门口或窗边能触摸到阳光吗……顿时让人有点儿毛骨悚然。
抬头就看到文丞相的塑像正襟危坐，头顶中、左、右三方高
悬三块匾额，分别为"古谊忠肝""天地正气""有宋存焉"，
令人肃然起敬。是怎样的信念让他以身报国！是怎样的忠心让
他视死如归！想必每一位到访这里的人，心中都会有这样的
感慨。"人生自古谁无死，留取丹心照汗青"，这句耳熟能
详的诗句应该就是文丞相留给后世的答案。殿内还有几处珍贵
的文物，西边的墙壁镶嵌着"教忠坊"石刻匾碑，是明初的实物，
旁边还有明朝嘉靖时期的碑刻；东边的墙壁上则保存着唐代
书法家李邕天宝年间刻成的断碑。此外，两边还有历代的石碑，
有的字迹已经模糊，但仔细端详，字里行间仍然能感受到历
代人对文天祥的歌咏赞颂。据记载，文天祥于1283年从容就义，
这座祠建于1376年，此后的600年中，朝代更替，但一直都
有人到此祭拜。

这棵树是文天祥亲手种下的，
至于为何向南倾斜，被人们臆
想为"臣子心一片磁针石，不
指南方誓不休"

　　在文丞相祠的对面也有一座很有来头的四合院，在明朝，
这里是明思宗朱由检的宠妃田贵妃父亲的宅第。清末时期，
这里是兵部尚书志和的府第。到了民国，同治帝的遗孀曾在
此居住。现在是北京市文物局所在地。

🏠 东城区府学胡同63号
☎ 010 64014968
¥ 5元
🕘 9:00-16:30

⑧ 古味早到 台湾手工现烤蛋糕

尝尝台湾最古老的味道 ▷

　　从府学胡同走出来，沿着交道口大街往北走，大约五分钟的路程，就会看到一个玻璃橱窗的门店，上面有一方与店同宽的红色招牌，贴着"古味早到"四个白色大字，树影洒落在上面，形成明暗对比的光影效果，使得红白两色多了一些立体感。到了！这家开店较早的古早味，好吃得不得了的古早味现烤手工蛋糕店，是在北京吃货圈里小有名气的蛋糕店。

　　进店后，整个人就被浓郁香甜的蛋糕味包围了，奶香、蛋香、巧克力、芝士等混合在一起的味道，令人忍不住直咽口水。环顾四周，店内摆设极其简单，吧台上有一个玻璃罩，里面放着几层蛋糕架，蛋糕旁都有标签，有原味、巧克力、红豆抹茶、克林姆、芝士奶酪、肉松等几个口味。旁边的冰柜里放着饮料，橱窗前面有两把长条板凳。就这样的一个小店，没有华丽的宣传语，没有文艺也好、清新也罢的装饰，全凭蛋糕的味道，深深地抓牢食客们的味蕾。

吧台上有一个玻璃罩，里面放着几层蛋糕架

我要了一块招牌原味蛋糕，小姑娘从蛋糕架上取下长方形的蛋糕，放在铺好包装纸的电子秤上称重，然后捏起包装纸的两边，轻轻一提，将蛋糕放入折好的纸盒中，最后把包装纸包裹好，再配上一把塑料小刀，双手递给客人，动作利落。接过尚有余温的蛋糕，坐在长椅上，迅速打开盒子，用塑料刀切下一角，迫不及待地放入口中，好好吃！蛋糕像豆腐一样软绵绵的，柔软中带着一种嫩嫩的细腻口感，味道不是很甜，淡淡的鸡蛋味和奶油味重新组合成清新的蛋糕味道，令人幸福感暴增！

见老板从后厨走进来，我立刻抓住机会询问为什么蛋糕这么好吃？老板含蓄地回答："这个要从店名说起，古早味是台湾人用来形容古味的，我们的蛋糕就是秉承古法手工制作，每一个环节都不马虎，选材、烤制等都很用心，用实实在在的好材料，做出实实在在的好蛋糕！""关于古早味能再解释一下吗？""对于北京人来说，他们的怀旧的古味可能是卤煮火烧、豆汁，但对于台湾人来说就是这样的清水蛋糕，简简单单的味道……"

临走前，我准备再买一块蛋糕，但被老板告知："我们的蛋糕没有任何添加剂，保存时间很短，需要尽快吃完。"看看手中提的蛋糕，只好作罢！

🏠 东城区交道口南大街92号
☎ 010 84026646

⑨ 顺天府学

明清两代的"211""985" ▷

红墙、红柱,蓝色的斗拱,琉璃瓦顶在阳光下熠熠生辉

与文丞相祠相邻的就是顺天府学,现在这里是府学胡同小学,虽然不能进去参观,但站在府学门口仍能感受到厚重的历史,尤其是门口的对联,"道契英华开云蔚,风集桃胤李芬芳"。透过西边的一扇铁门可以看到里面的格局,而站在东边的棂星门能看到后面的椭圆形泮池和三座石桥,以及里面的大成殿。虽然不能走进去,但视野开阔,建筑物主体一目了然,红墙、红柱,蓝色的斗拱,琉璃瓦顶在阳光下熠熠生辉。殿前有几棵小树,绿意新出,为红墙增添了几分生机。

东城区府学胡同 65 号

顺天府学的历史可以追溯到元朝，元朝末期这里是一座未修建完的寺庙，叫报恩寺宇。明朝洪武元年，在此大兴县学，永乐元年北平改为顺天府，县学也改为顺天府学，此后陆续建造一些大型建筑，如明伦堂、大成殿、斋舍等。到了万历年间，将原在此地的文丞相祠迁到东部。而形成今日格局是在清朝，"西为学官，东为文丞相祠"。作为明清两朝的府学，这里主要有两个作用，一是学校，是士子们进修学习的地方；二是文庙，从棂星门可以看出来。到了清朝光绪时期，府学的东部被改为"顺天府高等小学堂"。

转了一会儿，找一个树荫下与周围的街坊们闲聊，他们说，别看这所小学在胡同里，这可是北京有名的重点小学，听说，能排进北京市前十名呢！在这种地方读书，环境也舒服，里面古色古香的……

果然是薪火相传，几百年过去了，王朝更替，物是人非，但这座建筑所发挥的功能依旧没变。想到这里，再看着"府学"二字及其两边的对联，顿时觉得意味深长起来！

几百年过去了，王朝更替，物是人非，但这座建筑所发挥的功能依旧没变

砖塔胡同·阜内大街

走过砖塔胡同和阜内大街，有坐上时光机器的感觉，七百年间这里发生的一幕幕，幻灯片一样地上演着。不知不觉中，北京七百年的变化在心底打上了一个烙印。走累了，找一家街角咖啡店坐坐，或是到小吃店吃吃，看着窗外车水马龙，机动车行驶的声音在耳畔响起，片刻就回到了现实……

若时光倒流七百年

那间咖啡

新川面馆"凉拌面"

护国寺小吃

　　"若把北京比做一个人，那么胡同就是这个人的血脉"，这应该是对胡同来说最恰当的比喻。如今，北京的胡同仍然不少，但要说起胡同的历史，大家都会把目光聚集在砖塔胡同上，原因就是这条已有七百余年历史的胡同，实在太古老了，它在元朝就已存在，是"迄今为止唯一自元大都时期有文字记载并沿用至今的胡同"，有着"北京胡同之根"的雅号。因此，若想了解北京胡同，肯定要到这条胡同走走看看。

　　无独有偶，与砖塔胡同平行的有一条大街，因位于阜成门内，所以叫"阜成门内大街"，简称"阜内大街"，对于这条不长的街有一句高度精准的概况：一街看尽北京七百年。在阜内大街上分布多处重要文物古迹，有寺庙、四合院、名人故居、博物馆、纪念馆和中华老字号等，其中最惹人注目的当属寺庙，从西到东分别有白塔寺、北京历代帝王庙和广济寺。三座寺庙一直排列在大街北边，无论是充满异域风情、历经七百年风雨的白塔寺，还是全国建筑等级最高的历代帝王庙，抑或是历史可以追溯到北宋时期的广济寺，都会留住人们的脚步，让人在这条街上多停留片刻。除了这些，阜内大街上还有一些默默无闻但意义非凡的建筑，如北京大学人民医院（白塔寺院区）、福绥境大楼等，前者曾是中国人自己创建的第一所正规西医医院———中央医院，后者是北京市最早配有电梯的居民楼，更有传奇色彩的是，修建这座楼所用的材料是人民大会堂剩料。

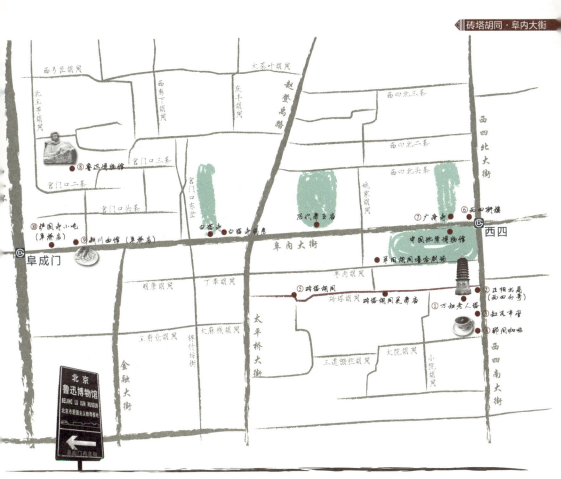

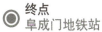

▶ **起始地**
西四地铁站

路线：①万松老人塔—②正阳书局（西四分号）—③缸瓦市堂—④那间咖啡—⑤砖塔胡同—⑥西四街楼—⑦广济寺—⑧鲁迅博物馆—⑨新川面馆（阜桥店）—⑩护国寺小吃（阜桥店）

◉ **终点**
阜成门地铁站

扫描下方二维码，关注
去来旅行公众号，回复
"老人塔"，即可观看
视频

① 万松老人塔

京城内最古老的"住户"之一 ▷

　　从西四地铁站出来，沿着西四南大街往南走，只需几分钟，透过婆娑的树影会看到一座不高的灰色砖塔，这就是万松老人塔，全称为"元万松老人塔"。走进一个两边分别挂着"正阳书局"和"北京砖读空间"牌子的朱红门，迎面就是一座古朴凝重的砖塔，塔基上的灰砖表面有的已经斑驳脱落，但整体保存完好，冲着大门的一面供奉着一尊陶瓷观音像。这座塔始建于元朝，已有七百多年的历史，是北京城内仅存的一座砖塔，一共九层，从建筑形式上来说，是北京城内现存的唯一一座密檐式砖塔。

　　万松老人塔坐落在一个小院儿内，旁边是正阳书局和一座小小的陈展室，陈展室里面以时间为主线展示了砖塔胡同的历史。书局旁边的甬道上摆放着两把桌椅，尽头有一架绿植，营造出一个绿意盎然又十分惬意的户外茶室。塔被一圈木栅栏围着，周围有草坪，走到后面看到空间相对前面更开阔，种着几棵小树，放置了几口残旧的矮缸，缸内养了几尾金鱼，

全国重点文物保护单位
万松老人塔石碑

🏠西城区西四南大街 43 号

红艳艳的鱼儿在绿水中游来游去，看着悠闲自得，和小院的环境一样。

　　从这座塔的名字上便可知道此塔以人命名，而这位万松老人是何许人也？据记载，万松老人生于金朝，圆寂于元朝，是一位"诸子百家无不会通"的一代禅师。在金朝时，他受到了帝王礼遇，耶律楚材也拜其为师，在关于这对师徒的故事中，最有名的一句话当属万松老人赠予徒弟的"以儒治国，以佛治心"，后来耶律楚材辅佐成吉思汗及其子孙的时候，所推行的政策与这句话紧密相连。

扫描下方二维码，关注
去来旅行公众号，回复
"正阳书局"，即可观
看视频

（西四分号）

② 正阳书局

讲述京城那些事儿的独立书店 ▶

正阳书局的西四分号与万松老人塔共处一院，一动一静的两座建筑跨越古今成为最好的搭档，不管是冲着哪个来，都会到另一处看看。书局外的一边墙上杵着雕花木门，前方挂着一只鸟笼，旁边摆着古香古色的方桌、长椅，颇有老北京茶摊的感觉。紧挨着的有两只书架，上面放满了旧书，它们在这里的状态好像是在等待一位知己。书架前有一对长方形门墩，上面雕花已难辨，却与周围的摆设形成一道景致。

走进正阳书局，一下子就被满屋子的旧书所吸引，对于生活在大都市的人而言，旧书店恐怕已经是记忆里的风景了。小心翼翼地翻看这些旧书，说不出是亲切，还是汗颜，有多久没有这样安静地阅读了啊！一架架的旧书主要和北京历史、文化有关，这正是这个书局的本意。记得在哪里看过这样一句话："正阳书局通过史料典籍、资料文献来叙说北京三千余年的建城史和八百五十余年的建都史。"书局内除了满满当

书局内除了满满当当的书之外，还摆设一些老北京的小物件，如可爱的兔儿爷

当的书之外，还摆设一些老北京的小物件，如可爱的兔儿爷、老北京明信片、老式电风扇、蒲扇、旧式座钟，还有一些漂亮的陶瓷茶具等。屋子一头有一架齐胸高的老式柜台，后面放着一排青花瓷茶叶罐，墙上挂着与罐子相对应的木制价签，上面用毛笔字写着茶名和价钱，看起来好像电视剧里民国时期的场景。在柜台后的墙上还有一只匾额，由几块石头组成，连起来是"中华兴"三个繁体字。后来，在和老板的交谈中才知道，这块匾额是在 2008 年前后前门地区拆迁过程中，老板从一家被拆除的老铺中拣来的，当时看到这三个字，他想到这反映了当时实业家们"实业报国"的理想，非常有意义，与自己用实业留住北京文化不谋而合，于是带回来，悬挂在此。

　　站在狭小的书店里，环顾四周的旧书，对老板深感佩服。此时，看到有位姑娘坐在那里，捧着一本书如痴如醉地看着，心头又涌现出一股莫名的感动。

🏠 西城区西四南大街 43 号
☎ 010 63039616

③ 缸瓦市堂

老舍先生接受洗礼的地方 ▷

教堂里的颂赞诗

从正阳书局出来，往南走不到100米，就看到了缸瓦市堂，在教堂的广场前写着"北京基督教会缸瓦市堂"。缸瓦市堂是一栋灰砖平房，外观质朴无华，看起来有些年头了，与周围胡同内的房屋看起来很搭调。教堂的门檐是白色，配上红色门框的玻璃门，看起来很复古。教堂顶是一个等边三角形，给人稳定的感觉，在前方立着一个金色的十字架，风格简约，看起来很舒服。绕过前方的围墙，走到旁边的铁门处，发现铁门上装饰着铁艺葡萄，圆溜溜的葡萄一颗颗焊在铁门上，很可爱，而蔓延的葡萄藤给人舒缓飘逸的感觉，为教堂增添了一丝浪漫的氛围。

扫描下方二维码，关注去来旅行公众号，回复"缸瓦市堂"，即可观看视频

教堂在有礼拜和活动的时候会开门，平日里只能走进大门，到教堂前方的广场上看看。广场只是一块面积不大的空地，一旁养了几只鸽子，悠闲散步，起起落落，耳畔总能听到"扑啦啦"展翅的声音，与教堂宁静、平和的气息相得益彰。在繁华喧闹的西单商业区，形成了独特的一道景观。

我来的时候，刚好教堂有活动，可以走进去参观。教堂内部装饰得朴实无华，一排排暗红色的木椅前方有一个大的背景墙，上面写着"以马内利"，四个字中间有一个十字架，看上去十分简洁，庄严。此情此景有些让人诧异，没想到这座教堂的内部与外部都这样质朴。见门口有一位工作人员，我便走过去与她聊聊这座教堂，她说："这座教堂看似普通，这可是现存的北京市最早的基督教会，老舍都是在此接受洗礼的，美国总统布什访华的时候，也在这儿做的礼拜，这教堂接待过不少名人呢！"

西城区西四南大街 57 号
010 66176181

④ 那间咖啡

相遇蓝色的街心咖啡店 ▷

墙壁上五颜六色的画，
还有一扇小小的虚掩着
的假窗

　　紧邻缸瓦市堂的一座三层小楼咖啡馆，布置上大量使用蓝色作底色，趁上白色图案，有点儿地中海风格，大方明朗很漂亮，又有一点点小女生的心思。没想到在西单还有这样一座独立成为一道景观的咖啡店。

　　可能去的时候不是周末或双休日吧，店里人不多，临窗的沙发还有位置，坐在这里既能透过落地窗欣赏街景，又能将室内尽收眼底，满满的绿植，华丽丽的吊灯，墙壁上五颜六色的画，还有一扇小小的虚掩着的假窗。而走到咖啡厅内部，发现空间很大，点餐的吧台在内部，在这里有种眼花缭乱的感觉：蓝色的家具，随意摆放的书籍，粉红色的玫瑰花，一棵写满卡片的装饰树,还有充满了回忆感的老式缝纫机。这家店很会利用老物件,在落地窗的沙发旁摆放了一个老理发店用的椅子,上面还放置了一个胳膊,是木质的半截模特道具,看起来很有艺术范儿。店员说:"老板是做摄影的,也有很多做艺术的朋友,所以店里的装饰装潢做得很有艺术感!"

来杯咖啡休息一下

转悠一圈,回到窗边的沙发,咖啡已经端上来了,店内的招牌提拉米苏咖啡卖相相当不错,上面薄薄的一层应该是可可粉,还装饰了一颗小小的薄荷,看起来好像一个小盆栽,让人不忍心喝下去。不过,单单是闻着咖啡的香味,就已经对味蕾发起极大的挑战,轻轻抿一小口,薄荷在咖啡中摆动了几下,盆栽的样子发生了小小的变化,我迅速将杯子放下,一边看着盆栽慢慢恢复,一边品尝着口中的咖啡,心里面激烈地斗争着,继续喝咖啡,还是多欣赏一会儿这小盆栽?就在这时,甜品端上来了,一块狭长的三角形大理石芝士蛋糕,淡黄色的芝士上面有一层硬皮,与巧克力拉花融为一体,凹凸质感,清晰可见。用勺子切下蛋糕一角,吃下去满嘴的芝士香,口感绵柔,这对于喜欢芝士的人来说,绝对是最大的福音。

🏠 西城区西四南大街 59 号
☎ 010 66166607

95

⑤ 砖塔胡同

元朝的胡同，你还好吗 ▷

胡同很长，越往里面愈发安静

从那间咖啡走出来，原路返回来到万松老人塔这里，左手边有一个路口，这就是砖塔胡同。站在胡同口往里看，觉得与北京其他胡同没什么不同，灰砖灰瓦，门当、门墩一应俱全，但想到这条胡同在元朝就有了，历经明、清、民国，直至今日名称未变，让我的好奇指数瞬间飙升。慢慢悠悠地往胡同深处走着，胡同很长，越往里面越安静。几经沧桑，饱经风雨的砖塔胡同，里面已经不止有平房和四合院，还出现了一些俄式红砖楼和一些新的楼房，一路走下来我感悟到这里不仅仅是"北京的胡同之根"，更是北京时代变迁的见证。

粗略浏览一遍砖塔胡同之后，我又仔细地观看起来，有一座院子，门上写着"古刹护国关帝庙"，走进去发现院内已

扫描下方二维码，关注去来旅行公众号，回复"砖塔胡同"，即可观看视频

满了人家，抬头看到几块绿色的筒瓦，上面龙纹清晰，在刺眼的烈日下，看不出细节。顺着小道往里走，院子深处，老墙斑驳，充满了岁月的质感。从这个院子走出来，继续探寻，在这条胡同里还住过两位文学家，分别是鲁迅和张恨水，但转了几圈，问了几位老人，还是没有找到二人曾经居住过的院子。后来，碰到一位老人，他说："前些年，砖塔胡同也经受拆迁，胡同西段大约有五分之一都拆了，张恨水故居就在其中。至于说鲁迅先生居住过的地方，那会儿还登报了呢，讨论拆还是不拆。您沿着胡同往西走，快到头儿了，在墙上用粉笔写着'砖塔84号'的院子就是。"

没寻访到张恨水先生的故居多少有些遗憾，毕竟他在这儿创作了大量的作品，且人生的最后时光也是在这里度过的。至于鲁迅故居，鲁迅先生的代表作《祝福》就是在这里完成的。如今，已经没有几户人家住在这里，院子门前的大树遮天蔽日，郁郁葱葱，与凋敝的小院形成强烈对比，令人唏嘘。

砖塔胡同
ZHUANTA HUTONG

🏠 西城区西四南大街59号
☎ 010 66166607

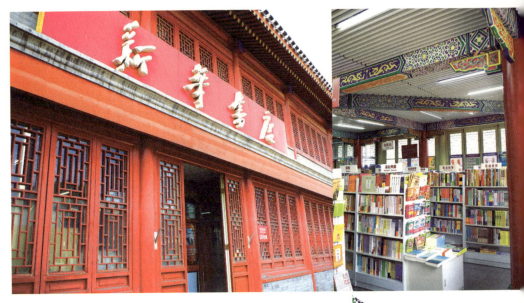

⑥ 西四街楼

慈禧老佛爷六十大寿的产物 ▷

从砖塔胡同出来往阜内大街走到十字路口，有两座醒目的红色拐角楼，西边是新华书店，与之对称的东边是工商银行，而前者则是阜内大街上一号建筑物。这两座只有一路之隔的建筑看起来相差不远，但东边的是重建的，西边的才是老建筑。清朝光绪二十年（1894年），为了庆祝慈禧太后60寿辰，在从西华门至颐和园东官门长达15千米的御道上，分段搭建了不同的庆典建筑，如戏台、彩殿、牌楼、经坛等，因西四地处闹市，特意建了两座便于维持治安的两层角楼。之所以建造角楼是因为这位太后想在大寿之际出宫巡游，最后迫于当时形势紧张，慈禧不得不将所有庆典在宫内举行，这座街楼的防御性能没能发挥出来，反倒成了西四的一处风景。

书店内有很多根红色的圆柱，柱子之间有龙纹彩绘的雕梁连接着

　　近距离观察这座建筑，发现在墙上挂着两块牌子，一个是关于西四角楼的历史介绍，一个写着"元大都下水道遗存"，想不到这样一座新华书店竟然有两处文物。走到书店内，整齐的书架上摆放着一本本崭新的书，店内人不多，格外安静，甚至可以听到翻书的声音，一种久违的亲切感涌上心头。书店内有很多根红色的圆柱，柱子之间有龙纹彩绘的雕梁连接着，单从这一个细节就能看出这座建筑的规格和背景。走到后面，看到一排红色的楼梯，通往二楼，但在拐角处立着一块牌子，上面写着"读者止步"。

　　看到一位阿姨站在书架前，走过去和她闲聊几句。阿姨说："别看这座新华书店面积小，但也有些年头了，那个时候北京书店不多，估计很多人都在这儿买过书。当年在北京繁华街道的十字路都会有书店、银行、邮局、商店，这个风貌在西四路口还能看得到。"

> ⌂ 西城区阜成门内大街 1 号

⑦ 广济寺

午后·阳光·清幽院落 ▷

　　老早就知道广济寺，一座地处闹市的清净之地。从新华书店出来，沿着阜内大街走过去，探访这座始建于宋朝的寺庙。走到山门，抬头就看到一排黄琉璃筒瓦下"敕建弘慈广济寺"七个金色字，工整端正，周围配有龙纹雕刻。过山门就是一处开阔地，天王殿、钟楼和鼓楼都在此处。

　　跨过东边的门槛，就进入大雄宝殿区域，虽与天王殿只有一墙之隔，但这里非常安静，香客、游人似乎没人愿意打破这种宁静。一阵微风吹过，青铜宝鼎里的香气迅速飘散开来，房檐上的铜铃叮当作响，与清脆的鸟叫声混在一起，颇有一番禅意。大雄宝殿比天王殿高大雄伟，大门紧闭，踮起脚尖也够不到玻璃窗，据说里面供奉的三座释迦牟尼像是明朝的，

寺里面一位僧人飘然远去，遗世而独立

两旁还有这个时代的十八罗汉铜像，是寺庙的珍贵文物。在这里转了一会儿，刚好师傅拿着钥匙走来，将大雄宝殿的门打开了，兴奋之余跑了过去，虽然可以站在门口观看，不能走进去，但也觉得很幸福。隔着玻璃罩端详着三世佛，又伸着脖子看十八罗汉，据说大殿的后壁悬挂着一副清朝乾隆年间所画的《胜果妙音图》，可惜看不到，唉！见一位师傅走到大殿门口，我很自然地和他聊起广济寺。师傅说："前面的天王殿是清朝的，大雄宝殿和观音殿是明朝的，庙里的文物这两个朝代的都有，但都是从各处搬过来的，广济寺经过历史的洗礼，后来只剩下四壁了，原来的泥塑佛像也都损坏了……"蛮可惜的。

继续往里走，绕过观音殿，就是藏经阁，刚好进门的时候看到一排在北方难得一见的翠竹，脑子里闪现出"竹径通幽处，禅房花木深"的诗句，不知道当初种植这排竹子的人，是不是也想到了这句诗呢？作为广济寺的后院，藏经阁极为静谧。葱郁的牡丹花圃，精工细琢的汉白玉石盆，上面长着细草的太湖石，树荫下的石桌石椅，少了头像的石人雕像，大缸里在田田荷叶中戏水的金鱼，还有挡着竹帘的禅房，这一切都勾画出寺院的宁静致远。在这里坐一会儿，整个人都好像变得与世无争，内心平静极了，站起身来在院子里走动几圈，感觉神清气爽，顿时感激这一段充满阳光的小院午后时光！

🏠 西城区阜成门内大街25号
☎ 010 66173330
🕐 6:00-16:30

见一位师傅走到大殿门口，很自然地和他聊起广济寺

⑧ 鲁迅博物馆

一代文豪在北京最后的居所 ▷

走过赵登禹路就是白塔寺药店，这也是一座年代久远的药店，其前身可以追溯到明末时期。过了白塔寺药店就是妙应寺，寺内的白塔在北京也是一道著名的景观。沿着阜内大街继续往西走，一路上小店林立，面包店、饼屋、奶茶店等，吃的喝的穿的用的，一应俱全，熙熙攘攘，人来人往，好不热闹。走到阜内北街，在街口看到一个醒目的路牌，顺着指示走三五分钟，可以看到在路的尽头有一座门脸大气的古式建筑，里面还有一尊鲁迅先生的雕像。就是这里了！鲁迅先生在北京最后居住的地方！

鲁迅博物馆由两部分组成，一部分是正对大门的两层楼，里面为先生生平展览。据工作人员介绍，馆内有很多珍品，

顺着指示走了三五分钟，看到在路的尽头有一座门脸大气的古式建筑

西城区阜成门内宫门口二
条 19 号
010 66156548
周二—周日
9:00-16:00
http://www.luxun
museum.com.cn

如先生的代表作《阿 Q 正传》唯一一篇残稿；先生在 20 多岁时创作的《自题小像》手稿和在仙台医专时的解剖学笔记等。另一部分是入门左手边的一处院落，为鲁迅先生居住的地方，是先生在 1923 年购买的，小院闹中取静，里面有先生亲手种植的一棵丁香树，春天开花的时候，整个院子都是丁香花香。鲁迅先生在北京生活、工作 14 年，居住过 4 个地方，这里是保存最完好、唯一对外开放的地方。当年先生从砖塔胡同搬到这里，并在此生活了两年，离开北京后再也没回来过，直至逝世。在这座小院落中，他完成了多部作品。

　　在博物馆内总能看到孩子们的身影，他们有的一边看展览，一边回想课本上鲁迅先生的文章，有的直接用手机将重要的展品记录下来，有的拿着笔和本子附在墙上抄写着什么，看到他们让人回忆起自己的童年，更回忆起读书时学习过的鲁迅先生的文章。

沿着阜内大街继续往西走，顺着指示走三五分钟，就是鲁迅先生在北京最后居住的地方了

（阜桥店）
⑨新川面馆

烟火市井里的美味杰作 ▶

扫描下方二维码，关注
去来旅行公众号，回复
"新川面馆"，即可观
看视频

这家面馆到了夏天生意尤为火爆，原因就是物美价廉、口味超赞、分量超足的麻辣凉面！这里的麻辣凉面味道独特，不是传统的四川凉面。

新川面馆始建于1956年，在北京有很多分店，通常而言面积都不大，阜桥店也是。面馆内大大小小的桌子加起来十张左右，菜单不在桌上，而是写在收银台后面的墙上，简简单单几种面，后面紧跟着价钱，一目了然。收银台旁边有一个玻璃柜子，里面摆放了几盘上面撒着黄瓜丝的半成品凉面和几种凉菜，现买现端。若要说店内还有什么，只能算上冰柜里的几种饮料，以及旁边大桶里热乎乎的面汤了。

　　要了一盘大名鼎鼎的凉面，十块钱一大盘，师傅从玻璃柜子里端出凉面，手脚麻利地拿起酱桶里一个勺子，舀一勺酱浇在面上，一盘凉面就做好了，简单快速。由于不是饭点，店里有几个空位，端着满满当当一大盘凉面颤颤巍巍走到桌子边，放下面，小心翼翼地拌起来，生怕一不小心，面就从盘子里溜出去。一切都弄好了，准备开动！吃一口，味道果然超级赞！甜甜的麻酱味，里面混合着淡淡的芥末香，一口下去，凉爽至极。劲道的面条，再配上清脆可口的黄瓜，一软一硬，口感刚刚好。一盘面下肚，果然心满意足。坐了一会儿，听到旁边一位食客与店内工作人员聊天，他说："夏天又开始忙了吧！北京人就喜欢这个味道，很多人都是从小吃到大的……"听到这里，暗自得意，难怪这么好吃，原来是一家"老号名店"。

西城区阜成门内大街甲347号
6:00-21:00

（阜桥店）
⑩ 护国寺小吃

夏日里，就要喝一碗豆汁 ▷

　　吃饱了凉面准备去乘坐地铁，结果没走几步就看到了护国寺小吃。炎炎夏日，看到这家店顿时想来一碗豆汁，再配上一块豌豆黄。

　　护国寺小吃在北京可以说是无人不知，无人不晓，大名鼎鼎的"中华老字号"，分店众多，味道如一，每一款小吃都在几块钱左右，价格实惠。与印象中的小吃店相比，护国寺小吃店内装修得都很好，古香古色的桌椅，墙上有老北京小吃泥塑摆设，天花板上安装了很多灯，将室内照射得极其亮堂，走进来让人心情顿时舒畅。没想到不是饭点，店里的人也很多，大多是一些两鬓斑白的大爷大妈。看来护国寺小吃果然深得老北京人的喜爱。

护国寺小吃在北京可以说是无人不知，无人不晓

别看豆汁其貌不扬，却是功效极好的消夏、清热、祛暑、除燥饮品

　　我点了一碗豆汁，配了一个焦圈，再要了几样方便打包的小点心。别看豆汁其貌不扬，却是功效极好的消夏、清热、祛暑、除燥饮品，一碗温温的豆汁端上来，小口喝下去，从嗓子眼到食道到肚子都清凉无比，比吃一根冰棍还舒服。再配上焦圈，味道更香。喝完豆汁，嘴巴里有点儿酸溜溜的味道，这时吃一块豌豆黄刚好，既去味，又解馋，而且豌豆黄也有祛除暑热的作用。护国寺小吃的豌豆黄做得有入口即化的感觉，用勺子切下来一小块放到嘴巴里，轻轻抿一下，豌豆黄就融化开来，唇齿留香，十分爽口。

　　新川面馆的麻辣凉面，再加上护国寺小吃的豆汁、焦圈、豌豆黄，有主食，有甜品，还有饮料，这样一顿饭简直令人太满意了！

🏠 西城区阜成门内大街349号
☎ 010 66162446
🕐 5:30-21:00

东交民巷

如今，走在东交民巷，看着这些充满异国情调的建筑，人们更多的是现实，或是感慨时光流逝，但若翻开这段历史，这段路的意义早已不只这么简单……

北京胡同里的"高大上"

新侨三宝乐
"奶油三明治"

新侨三宝乐
"蛋糕"

1901酸里带一
丝甜的花茶

东交民巷,一条夹在东长安街与前门东大街之间的胡同。来到东交民巷,不管从哪一个角度看,都很难把这条路与"胡同"二字联系起来。宽阔的马路,两边遮天蔽日的法国梧桐,一座座风格各异、充满异国情调的西洋建筑,还有门口蹲着两只雄伟石狮子的高墙大院,可以说怎么看这里都不像是一条老北京胡同。不过,东交民巷确实是一条胡同,非但如此,它还是目前北京市最长的一条胡同。

除了长度令人咂舌之外,东交民巷的历史更是令人眼前一亮。这条胡同早在马可·波罗访华时期就已诞生了,也是当时的外交中心。历经元、明、清三朝,胡同名字从最开始的"江米巷"改为"东江米巷""西江米巷",直到《辛丑条约》正式更名为"东交民巷",并规定为使馆区。由此,这条胡同的命运也发生了彻底的改变。在清朝,这一带是兵部、工部、鸿胪寺、翰林院、钦天监等衙门机构所在,这些衙门摇身一变成为各国大使馆,建筑物的功能属性变了,外形自然也发生了翻天覆地的变化,有的是改建,成为中西合璧式,有的直接重建,一时间,各国的银行、使馆、医院、教堂、官邸、俱乐部、兵营等,在东交民巷及其周边拔地而起。

圣弥厄尔

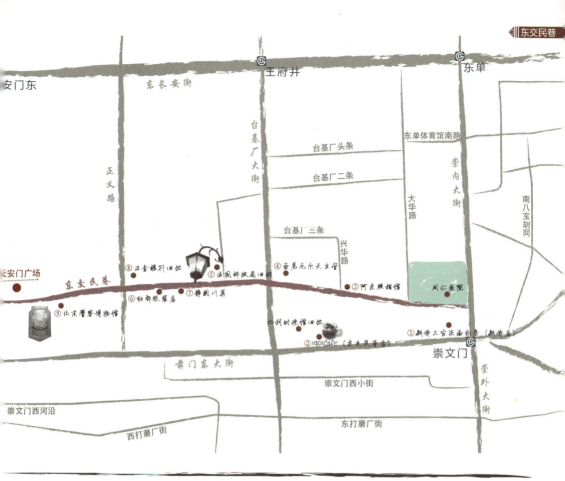

东单

东长安街

王府井

安门东

台基厂头条

东单体育馆南路

台基厂二条

崇内大街

正义路

大华路

南八宝胡同

台基厂三条

兴华路

天安门广场

东交民巷

⑧正金银行旧址

④圣尼厄尔天主堂

⑤法国邮政局旧址

③阿东照相馆

同仁医院

⑥红都服装店

⑦静园川菜

⑨北京警察博物馆

比利时使馆旧址

①新侨三宝乐面包房（新侨店）

②1901Cafe（东交民巷店）

崇文门

前门东大街

崇外大街

崇文门西小街

崇文门西河沿

东打磨厂街

西打磨厂街

▶ **起始地**
崇文门地铁站

路线： ①新侨三宝乐面包房（新侨店）—② 1901Cafe（东交民巷店）—③阿东照相馆—④圣尼厄尔天主堂—⑤法国邮政局旧址—⑥红都服装店—⑦静园川菜—⑧正金银行旧址—⑨北京警察博物馆

◎ **终点**
天安门广场

（新侨店）

① 新侨三宝乐面包房

回忆里，始终如一的烘焙香 ▷

　　早上7:30在面包店开门的时间准时来到这里，门外已有人等待当天的第一批面包了。开门了，拄着拐杖的老人，牵着孩子的妈妈，形形色色的人鱼贯进入店中，熟练地拿起托盘和夹子，在众多面包中挑选着。室内早已被各种面包散发出来的香味充满了，没有一丝其他味道。真不愧是北京第一家前店后厂的面包房！人气果然火爆！

　　对于上了一些年纪的北京人来说，在他们的记忆中关于西餐厅，肯定有新侨三宝乐西餐厅的一席之地。在这座餐厅的旁边就是面包房，两个地方在室内相通。这座面积不大的面包房承载着很多人关于面包的认知，倒退30年，在这里吃面包可以说是一件很有生活品质的事。

让人垂涎的蛋糕

小孩兴冲冲地跑到柜台前，趴在玻璃上看着里面五颜六色的蛋糕

拿起一个托盘迅速加入挑选面包的队伍中去。顷刻间，店内已经站满了人，奶油牛角、巧克力牛角、咖喱香肠包、豆沙面包等几种招牌面包都所剩不多。眼睁睁地等着面包师傅端上来新的面包没一会儿，又被一抢而空。看着手中的战利品，沾沾自喜，结账后在对着后厨门口的用餐区品尝起来。

掀掉奶油牛角上的一方塑料纸，面包上的绵软的奶油被拉起一角，拿起面包把这一块奶油吃掉，果然是儿时的味道。奶油很新鲜，不甜不腻，又滑又软。第二口，连同面包一起咬下去，奶油与面包混合在一起软中带柔，口感刚刚好。面香加入奶油中，进行两次变化形成了奶油牛角的味道。坐在旁边的一位老阿姨，独自吃着面包。看她吃得津津有味，我有些好奇，便问她："通常老年人不是不大喜欢吃面包吗？"阿姨放下手中的面包，说："年轻的时候就在这里吃面包，那时候一个面包5毛钱，买来一个面包舍不得大口吃，总要慢慢品尝着吃完。现在，偶尔路过这里也要过来买面包，感觉味道和当年的一样。这里的奶油是动物奶油，吃起来也很容易接受。"

看着阿姨美滋滋地讲起往事，突然觉得这家创建于1986年的面包店肯定充满了故事。就在这个时候，门口走进来一位带着小孩的老爷爷，小孩兴冲冲地跑到柜台前，趴在玻璃上看着里面五颜六色的蛋糕，老爷爷弯下腰来，指点着一块块蛋糕和小孩子交流着。看着觉得好亲切，也许老爷爷年轻的时候也在此买过蛋糕，如今想把这味道介绍给孙子辈，让孩子也吃到自己年轻时候的味道。

🏠 东城区东交民巷2号（新侨饭店东侧）
☎ 010 65133366

113

（东交民巷店）
② 1901Cafe

舒适安静的图书馆 ▶

　　沿着崇文门西大街往西走，看到红色的比利时使馆旧址时就到了这家咖啡店，紧邻大街，咖啡色的店面藏在门前两棵大树中，橱窗下摆放的几把红色椅子格外醒目，估计这也是店家的一点点小心思吧！

　　店内面积很大，一点儿也不局促，中间有一块儿空地，伴着舒缓的音乐可以翩翩起舞。在靠墙的地方用三只大书架做成了隔断，可以说舍得给图书这么大空间的咖啡店已不多了，正因为如此，有人说这家店与其说是咖啡馆，不如说更像图书馆，还是复古范儿的。中间是两个长方形大桌子，上面摆放着装饰物，简洁大方又不失可爱。靠窗是一排两个一对的沙发座位，中间的小圆桌上放了一个绿色的老式台灯，与整体环境很搭

喝一口酸里带一丝甜的花茶，简直太美了

调，很有 20 世纪 30 年代的味道。这里也是店内最抢手的座位了，坐着舒适，风景好，取书又方便，可以说每次来这里几乎都坐着人，很难找到位置。往里走，还有一间小小的玻璃房，冬天有阳光的时候应该很舒服，透过屋顶的玻璃晒太阳，烤着旁边的暖气，想想都觉得暖融融的。再往里走还有单独的小包厢，充满了私密性，每次走到这里，总忍不住往里面瞟一眼。

金枪鱼三明治面包烤得不焦不软，火候拿捏得很好

作为东交民巷附近少有的咖啡店之一，这家咖啡馆除了环境好之外，食物的味道很正，分量也很足。金枪鱼三明治面包烤得不焦不软，火候拿捏得很好，里面放着厚厚的生菜、西红柿，一个煎蛋，还有厚厚的鱼肉，并搭配了两片酸黄瓜，味道刚刚好，努力张大嘴巴咬下这叠厚厚的三明治，口腔里都被塞满了，咀嚼一下都有难度。此时，喝一口酸里带一丝甜的花茶，简直太美了，冲淡了鱼腥味，又唇齿留香。

🏠 东城区崇文门西大街7-2号（新桥饭店西侧）
☎ 010 65596556

③ 阿东照相馆

1936 红色映像从这里发出 ▷

阿东照相馆的玻璃窗

在东交民巷有一个阿东照相馆，但在地图上没有显示这里，在街上走了两圈也没有看到这个招牌，沿途问了几个人也都没得到结果，最后看到一位老大爷，胳膊套着红袖箍，上面印有"治安"两个字，看起来应该是当地老户，走上前又问了一次。老大爷听到"阿东照相馆"几个字，先是愣了一下，随后伸出手指了指，说："前面呢，派出所对面的小楼，楼下是小卖部。""真的是那里吗？"当时有点儿不相信自己的耳朵，没想到真的有人知道这里，更没想到阿东照相馆所在地变化如此之大。"就是那里，老早就不是照相馆了，易主多少次了，现在一楼有小卖部，旁边还有理发店和寿衣店。"

东城区兴华路 3 号边上

　　说到阿东照相馆，很多人的脑子里会一片茫然；说到美国记者埃德加·斯诺，对近代史感兴趣的人脑子里会出现一些轮廓；说到"毛泽东在陕北"这张照片，上一点年纪的人脑子里会有灵光乍现的感觉……这一切都与阿东照相馆有关。在东交民巷是领事馆区域的时代，北京城内很多照相馆汇集在此，由一对德国夫妇开办的阿东照相馆也不例外。1933 年，德国女摄影师赫达·哈默不远万里从家乡来到这里上班，五年内她一直在这里工作生活，用镜头记录下了北京城的风貌、市井生活的景象，以及许多历史时刻。1936 年，美国记者斯诺冲破封锁，在陕甘宁边区进行了长达 4 个月的采访，回到北京时他带了 30 多枚胶卷，并把它们交给阿东照相馆冲洗，《毛泽东在陕北》这张照片就在其中。42 岁的毛泽东，头戴八角帽，风华正茂，让人过目不忘。新中国成立后，这张照片被选入历史课本，成为一代人的记忆。1937 年，斯诺将采访内容整理成书出版，名为《红星照耀中国》。

这座灰蓝色的二层小楼，西方风情还在

　　看着眼前这座灰蓝色的二层小楼，西方风情还在，白色的半圆拱券，旁边还镶嵌着雕花，曲线优美的阳台，透露着浪漫情怀。一层的几间小店各自挂着鲜亮的照片，与小楼有些不协调，但这丝毫没有影响，小店人来人往，忙忙碌碌，但他们几乎都不知道自己所在的地方曾经发生过什么。

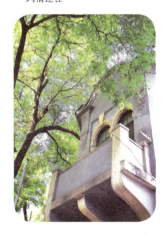

④ 圣尼厄尔天主堂

一不小心，以为走进了欧洲的小教堂 ▷

　　沿着古老的灰墙慢悠悠地走着，片片梧桐树影映在墙上，摇曳在路上，洒落在心间，阵阵风吹过，荡漾起柔情一片。走在东交民巷很难感觉到疲惫，不需要什么风景，只有这样一条胡同就够了。

　　快走到台基厂大街路口的时候，看到一座有两个尖顶的教堂，行至门前见到一块竖匾，上面用繁体字书写着"圣尼厄尔天主堂"。推开虚掩着的铁门，眼前一亮，有一种误入桃源深处的感觉。没想到，在北京城内还有这样一座保存完好的教堂！通体灰色的墙体，正面两侧分别有一尊人物雕像，中间有四扇红色的大门，上面镶嵌着五彩玻璃做装饰，大门上方有着复杂的雕花，门的中间上方有一尊白色的天使雕像。

门的中间上方有一尊白色的天使雕像

一切都很古朴庄严，透出一股不加修饰的美感。走到院子里，右手边有一座不高的假山，山上点缀着五颜六色的假花，上方山洞中有一尊洁白的圣母雕塑，祥和的气息扑面而来。继续往里走，发现这座教堂的建筑不大，院子也很小，又转了回来走到门前。

一扇红色的大门敞开着，站在这里可以听到里面飘出来的诵经声音

一扇红色的大门敞开着，站在这里可以听到里面飘出来的诵经声音，在一片安宁中，显得有几分神圣感。一位阿姨轻声说："可以进去看的！"于是，我蹑手蹑脚地走了进去，当踩上直通前方的花砖的时候，仿佛踏进了一座精致的欧洲小教堂。沐浴在晨光中的告解亭，摆放整齐的红色木长椅，晶莹剔透的水晶吊灯，轻盈明快的穹隆，五彩玻璃组合成各种图案的窗户，墙壁上一幅幅圣经故事画作……所有这些元素组合起来，好有欧洲小教堂的感觉！前方的长椅上，有几位阿姨在做弥撒，神情专注，面目祥和，让人不忍打扰，又走出教堂。再次看到这位阿姨，由衷地对她说："这座教堂好美啊！"阿姨笑眯眯地答道："这是当年法国人建的，一百多年了，原汁原味，算是北京毁坏程度最低的一座教堂了。""这么多年是怎么保存下来的呢？""有段时间这里被东交民巷小学占用，成为小学的礼堂，但损坏也都不大。"

由于教堂面积小，实在不容易拍全景，没想到走到马路对面的时候，刚好可以捕捉到整座教堂的身影。站在马路边上，仔细看着这座哥特式的教堂，两个尖顶高耸，隐藏在茂密的树荫中，颇有大隐于市的味道。

东城区东交民巷甲13号
010 65135170

⑤法国邮政局旧址

一百年前的法国邮局什么样 ▶

在东交民巷众多西洋建筑中，这里算是别具一格的，一排砖砌法式折中主义平房静静地立于街边，看起来很低调，但白色的拱券窗户和西洋小门灯，让这座建筑显得与众不同。有很长一段时间，静园川菜在这里营业，来到这里还能看到"静园川菜"的招牌。不过，这已经是过去式了，现在这里已人去屋空，大门紧锁。来来往往的路人看到这座建筑，会驻足看看挂在墙上的介绍，拿起相机匆匆拍照，转身离开，细心点儿的人还会俯身看一下墙上保存完好的雕花。

西洋小门灯让这座建筑有不一样的感觉

细心点儿的人还会俯身看一下墙上保存完好的雕花

这座建筑建于 1910 年，当东交民巷被划为使馆区后，很多国家在北京设立邮局，如法国、德国、俄国、日本，他们自然而然把地点选择在了这里，而如今只剩下这座法国邮政局旧址。当年，这里除了有邮局之外，很多邮票玩家还在这条路上创办了华北邮票社、环球邮票社等，一时间这里也成了集邮中心。

东城区东交民巷 19 号 -1

⑥红都服装店

"主席们"的私人订制 ▷

　　红都服装店的外观极为显眼，红色的"红都"两个字立在大理石墙面上，墙上金黄色的"HONG DU"标示，以及大门和橱窗，在阳光下耀眼发光，可以说是这条街上一道独特的景观。红都服装店的橱窗很有特色，除了展示服装外，里面的照片更吸人眼球。著名的《毛主席和周总理、朱委员长在一起》复制品赫然在列，还有师傅为连战、连战夫人测量尺寸的照片。

作为有名的"中国制造"，红都有着特殊的地位。新中国成立后，党和国家领导人出席活动的服装，很多出自红都，如开国大典时，毛主席身穿的黄色礼服就出自红都，而到了建国60年，胡主席检阅部队时穿的中山装也是出自红都。走进这家店，发现装修装饰更是讲究，古香古色的家具在金色的灯光下，显得典雅大气，又不失华丽。店内的墙上挂着我国几位重要党和国家领导人的照片，见一位售货员走过来，我问她："听说，咱国家很多位国家领导人的服装都是红都定制的，是吗？"她回答说："是的，新中国成立以来，很多党和国家领导人的中山装都是我们为其量身定制，但现在我们也针对个人提供服务！"

仔细看这里的衣服，中山装、旗袍、西装、礼服等，有的服装与其说是衣服，不如说是一件艺术品。在店内有一个显眼的地方，摆放着一件中山装，旁边有一张毛主席的照片。这位售货员继续说："这件衣服是严格按照毛主席穿着一比一制作的，真品在毛主席纪念堂中，就是毛主席身穿的那件。"听到这里，我的脚步自然停了下来，站在这件衣服前，静默许久，许久……

店内有众多的名人留墨……

🏠 东城区东交民巷28号
☎ 010 65245578

⑦ 静园川菜

藏在胡同深处的"巴适"川味 ▶

　　从小洋房里搬出来的静园川菜，依旧在东交民巷营业，地点选在了距离原处不远的红都大厦内。换了地方后，静园川菜又多了一个身份，就是"红都餐厅"。从红都大厦的侧门进去，下一层楼梯就到了，虽然是地下室，但环境整洁，干净明亮。正对着门口处摆放了两排咖啡厅风格的桌椅，桌上还放置一瓶小花，为环境增色不少。门口左手边是一张小小的吧台，上面坐着两只手臂一摇一摇的发财猫，整体简单利落。

　　找一个位置坐下来，准备点餐，貌似菜单没有变化，还是以前的。服务员走过来的时候，顺便问他："搬过来多久了，为什么搬过来？"小姑娘说："大约今年年初就搬来了，原来的地方是文物保护单位啊……"继续问道："你们还会搬回去

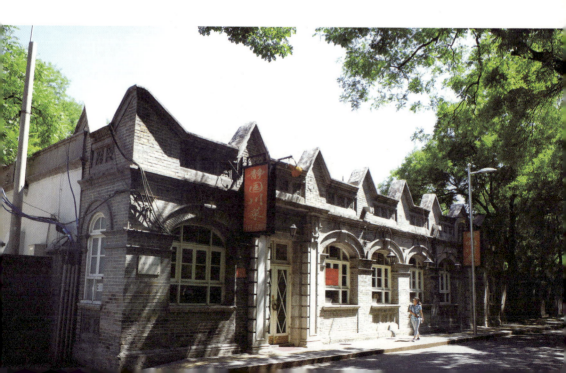

吗？原来的环境那么好！"她说："具体不清楚了，我们自己也偶尔回去看看，房子里面有的地方都坏掉了，挺可惜的！"是挺可惜的，想当年静园川菜开在那座小洋楼里的时候，很多外国人都喜欢过去吃饭，不知不觉中，形成了一道中西混搭的景致。

　　虽然位置变了，但味道没变，一如既往的好。招牌菜毛血旺，丝毫没变。菜量很大，里面的血豆腐相当多，即使是吃到最后，还是会捞到，吃起来嫩嫩的，而最赞的当属里面的百叶，厨师切得很细，让每一根都很入味，咀嚼起来既舒服又有味。作为川菜代表的回锅肉也不错，服务员端上来的时候很小心，满满一盘，生怕菜掉出去。可能是为了照顾大众口味吧，回锅肉里面辣椒不多，肉和青蒜中点缀着红色的干辣椒，青青翠翠配红辣椒和油亮亮的五花肉，令人食欲大开，配合着米饭吃下去，痛快淋漓，十分尽兴。

服务员端上来的时候很小心，满满一盘，生怕菜掉出去

　　东城区东交民巷28号A座负一层
　　☎ 010 65244156
　　15011512752

⑧正金银行旧址

张恨水曾经在此续"鸳鸯蝴蝶"梦 ▷

在红都服装店的斜对面有一座红白两色相间的洋房，时隐时现在绿树中的红色穹顶格外引人注目。洋房刚好位于街道转角处，给原本散发浪漫气息的建筑更增添了一丝文艺情怀。走过去仰头看建筑的做工，更是精细，腰部的雕花棱角凹凸有致，爱奥尼亚柱式的涡卷柱头，好像蜗牛一样，圆圆卷卷，很是可爱。一楼的窗户是白色的，半圆拱券样式，充满了欧式复古感觉。沿着街道走过转角，看到一个牌子，上面写着"正金银行旧址"。

腰部的雕花棱角凹凸有致，爱奥尼亚柱式的涡卷柱头，好像蜗牛一样

这里原是民宅，《辛丑条约》之后，日本在这里兴建了银行，就是现在牌子上写的正金银行，当时这座银行为北京支行。日本战败后，银行解散，这幢大楼成了无主房产。正好当时

地处重庆的《新民报》打算在北京设立分社，选中了这幢大楼。1946年4月4日，《新民报》北平分社在这里正式创立，作为该社的经理兼主编，张恨水进入此地办公。已经是名满天下的张恨水，在这座大楼的办公室里创作了《五子登科》《八十一梦》《巴山夜雨》《夜深沉》等作品。两年后，张恨水从《新民报》辞职，结束了他40年的新闻生涯。新中国成立后，这家生命短暂的报纸被《北京晚报》取代。之后，这座大楼又作为办公机关，后来，这里又成为金融公司的办公地。这座大楼好像走了一百余年后，又回到了开始的金融舞台，继续上演着各种版本的故事。

东城区东交民巷丙23号附近

127

⑨ 北京警察博物馆

昔日花旗银行华丽丽的转身 ▷

走过正义路，依旧是东交民巷，此时才对"北京最长的胡同"这句话深有感悟。这段东交民巷格外安静，树叶更加茂密，道路上的车辆、行人少了很多。步行在这样的街道上是非常愉悦的，尤其在碧空如洗的大晴天，日光只有在树叶偶然抖动的情况下，才能洒到路面上，偶尔洒落到人身上，非但不感觉炙热，反而觉得是温柔的抚慰。

北京警察博物馆很容易找到，对面就是最高人民法院。这座博物馆的外观看起来少有岁月痕迹，却是一座不折不扣的老建筑，在墙上挂着的牌子上写着"东交民巷使馆建筑群——花旗银行旧址"。建成于1914的大楼，由一位叫墨菲的美国建筑师设计，看到这个名字感觉陌生，但他的作品立即让人拉

近了距离感，除了这栋大楼，清华大学、复旦大学、金陵女子大学（现为南京师范大学随园校区）等地都留下了他的作品。

进入博物馆内，首先看到的是高大的"警魂柱"，这件青铜器重5吨，正面的盾牌上有警徽，背面是一把利剑，特别醒目，震慑人心。柱子的背面镌刻着人民警察誓词，两边分别是祥云上蹲坐着一只独角兽和火中凤凰的图案。参观过一楼之后，从楼梯上二楼，发现了一件宝贝——一个老式升降电梯，看样子应该是当年花旗银行时期的。二楼介绍了警察的历史发展。走到三楼看到一面红砂岩雕刻而成的英烈纪念墙，上面刻画了很多双眼睛和各种手的图案，几位带着孩子来参观的家长都会走到墙前面的册子处，仔细观看，册子旁边还放着几只菊花，敬意之感油然而生。在三楼还有一个宝贝，就是北京现存最古老的消防车，大约制造于清代晚期。到了四楼，更是令人眼花缭乱，各式各样的枪械展处汇集了众多小朋友。几乎每把枪支都注明身份，看的人一点儿也不会感觉枯燥，小朋友们更是兴奋，眼睛瞪得又圆又大，站在展柜前寸步不移。

🏠 东城区东交民巷 36 号
☎ 010 85225001
🕐 周二至周日 9:00-16:00
¥ 5元

几乎每把枪支都注明身份，看的人一点儿也不枯燥

五四大街

无独有偶，在五四大街的附近还有一个教育摇篮，这就是中法大学。同样是一百年前的历史节点，在赴法勤工俭学的浪潮中，周恩来、邓小平、陈毅等人赫然在列。大批的"法归"中，很多人后来成为我国文化、科学、教育等领域中的中流砥柱，如戴望舒、朱洸、罗大刚等。

一百年前的新思潮集散地

悦宾饭馆至今
还在使用的古
老计算器

袁世凯祭天时
穿过的汉服

　　故宫和位于其旁的景山公园，是北京不分淡、旺季的景点，相比之下与其紧邻的五四大街，除了行驶过注的车流人群，就显得冷清了几分。这条沙滩后街，长度仅有741米，几乎是北京最短的大街，由清朝时期因御河冲积而成的一片地势低注的沙石地面而得名，即便现在此地的公交车站名也有"沙滩"二字，很多老北京人也乐于这么称呼。

　　五四大街因坐落该地的北大红楼是五四运动的发源地而得名，但这条街的附近并不是只有这么一座孤零零的红砖楼。走到沙滩后街，大片的京师大学堂遗存映入眼底，尽管如今这些建筑的功能已经改头换面，但格局还在，气势仍存。看过当年的教学楼、学生宿舍，不由得心生感慨，一百年前我国的大学规划如此完善！在此执教的人，更在我国文化史上留下精彩乐章。蔡元培、李大钊、鲁迅、胡适等，在那段年月里，是何等的意气风发！当时，年轻的毛泽东千里迢迢从湖南来到北京，在李大钊手下做助理员，接触到马列主义思想，点燃了心中革命的火种。时至今日，在五四大街附近的胡同里，还能找寻到他初来北京时居住过的地方。

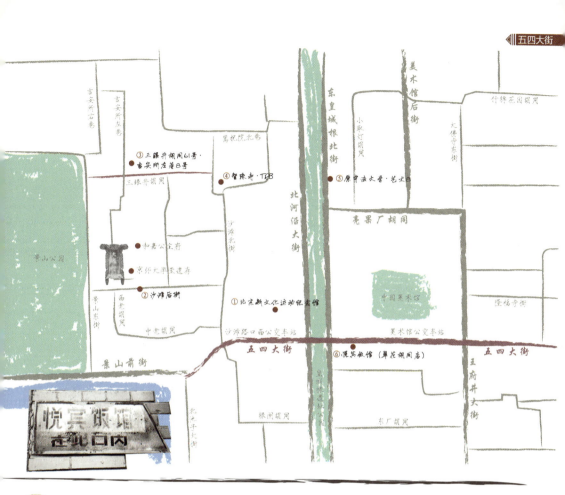

③三眼井胡同61号·
吉安所左巷8号

④智珠寺·TRB

⑤原中法大学·艺术8

亮果厂胡同

和嘉公主府

京师大学堂遗存

②沙滩后街

①北京新文化运动纪念馆

中国美术馆

沙滩路口西公交车站

美术馆公交车站

五四大街

⑥悦宾饭馆（翠花胡同店）

五四大街

景山前街

▶ **起始地**
沙滩路口西公交车站

路线： ①北京新文化运动纪念馆—②沙滩后街—③三眼
井胡同61号·吉安所左巷8号—④智珠寺·TRB—
⑤原中法大学·艺术8—⑥悦宾饭馆（翠花胡同店）

⚫ **终点**
美术馆公交车站

① 北京新文化运动纪念馆

新中国革命从这里发起 ▷

　　五四大街因"北大红楼"得名，这座颜色鲜明的建筑物稳稳当当地端坐在此一百余年，身份几经改变，最终尘埃落定，定格为北京新文化运动纪念馆，但很多人还是喜欢它的旧称——北大红楼。

　　往来于五四大街，必会看到北大红楼，这座创建于1898年的建筑，由于独特的历史意义被完好地保存下来，以至于拿着它曾经的黑白照片站在楼前，对照着看好像是不久前拍摄的。走进楼内，大厅正中间是蔡元培先生的半身像，一楼是当时北大图书馆所在地，为突出旧址特色，保持原有格局，有几间屋子会不时举办一些主题展览。右侧走廊尽头保留着1918—1922年李大钊担任北大图书馆主任时的办公室，1920

走进楼内，大厅正中间是蔡元培先生的半身像

年 10 月，他同张国焘、张申府等人在此成立了北京共产党早期组织，并取名为"共产党小组"。里面有一间屋子是新潮杂志社所在地，"五四运动"前夕，罗家伦在此起草了《北京全体学界通告》，这是五四当天唯一的印刷品，游行前印出 2 万份。左侧走廊内复原了蔡元培的办公室，室内展示了很多珍贵的照片、资料。走廊内还有一间摆满桌椅板凳的教室，是复原的当时学生的大教室，鲁迅先生曾在这里讲授《中国小说史》。再往里走是第二阅览室，在阅览室门口有一张书桌，背后的墙上挂着一张毛泽东年轻时的黑白照片。1918 年，毛泽东从长沙来到北京，一度在此工作，每月工资 8 元。在北大红楼外还有一排不起眼的平房，被开辟为新文化运动纪念馆的辅助陈列，展览的主题为《新时代的先声——新文化运动陈列》。

走出这座格局简洁的红砖楼，脑子里一串与新中国紧密相关的人物名字赫然在列：蔡元培、陈独秀、李大钊、鲁迅、毛泽东……久久挥之不去。站在北大红楼的门口，一步之遥的前方是车如流水人如龙的五四大街，往东看，街口处五四大街的标志性建筑物依稀可见，而西边则是游人涌动的喧闹人流。一百年前的血腥革命，一百年后的现世安宁，在此似乎得到了一种诠释！

🏠 东城区五四大街 29 号
☎ 010 66128596
🕐 周二至周日 9:00-16:00，
15:30 停止入馆，周一闭馆
🌐 www.xwh.org.cn

行无愧怍心常坦，
身处艰难气若虹

② 沙滩后街

京师大学堂建筑遗存 ▶

　　若非假日，沙滩后街一派平常景象，不长不宽的街道，丝毫感觉不到什么特殊；若是假日，这条街则有点儿变身为"旅游集散地"的味道，由于距离故宫和景山公园较近，很多旅游团都选择到这条隐蔽的小街上吃饭、休息，这条街瞬间沸腾起来，有时需要侧着身子才能通过。即使这样，这条街上的55号和59号也一如往昔的平静，熙熙攘攘的人群没有给这两座院子带来什么改变。

扫描下方二维码，关注去来旅行公众号，回复"沙滩后街"，即可观看视频站在沙滩后街55号院的大门口，即使不看墙壁上"京师大学堂建筑遗存"的介绍，都能觉察到其不凡的来历。门内立着一座影壁，上面写着"福"，朱红色的大门上面绘制仙鹤松柏图，左右两边的墙壁上分别用毛笔写着繁体字"桃李芳香"和"滋兰树蕙"，外面两边还有两根镶嵌在墙壁里的朱红柱子，上面横梁上彩绘鲜艳。走进去，里面是一排排样式、结构大体统一的平房，这里就是"西斋"——当年京师大学堂为学生新建的十四排宿舍。

大学堂匾额

与 55 号相比，59 号院多了几分热闹，绕过人民教育出版社看到一座民国建筑，两层西式小洋楼是当时北京大学数学系楼，大门上悬挂着一块竖匾，写着"大学堂"。古香古色的匾额与一座座拱券门、红色门窗和栏杆，组成中西合璧的风格。再往里走看到一座明显翻新过的古建筑，这就是仅存的和嘉公主府大殿。

在 55 号和 59 号之间，有几乎无人到访的小路，乍一看是居民区，但再往里走出现了"柳暗花明又一村"的惊喜。寻一扇小门进去，院内有一方菜地，里面是一座红色的老房子，灰砖半墙上面是内圈为绿色的木窗棂，上面是红色三扇木窗，再往上看是绿色的彩绘，再上层是宝蓝色底纹的彩绘，已然都斑驳陆离，最上层大概是宝蓝色的屋檐，上面的花纹已无法

辨别。站在门廊处看到内部还有一座高大的四角檐老屋，走近看，左右两边屋檐之间各有一块明黄色刻着龙纹的琉璃瓦，旁边还有细致的砖雕。从这座院子走出来，沿着小路往后走，后面还有一座老房子，与前面房屋相似，但院内整洁干净，屋前的青花大缸里种植着荷花，与红色的房屋相映成趣。

　　这些散落在沙滩后街的古建筑，都是乾隆四女儿和嘉公主下嫁给福隆安后的府邸。公主死后，人去屋空，直到1898年，光绪皇帝在维新派的推动下开办京师大学堂，这也是我国近代成立的第一座最高学府。1912年，京师大学堂改名为"北京大学"。新中国成立后，人民教育出版社等入驻于此。这大概就是大隐隐于皇城周边地区的变迁，不过，用居住在这里的老人的话说，这都是过去了……

大殿大门上的铜把手

③ 三眼井胡同 61 号·
吉安所左巷 8 号

寻找毛主席"北漂"的居所 ▷

从京师大学堂建筑遗存出来，走到大学夹道。这条狭长的夹道宽度仅容一辆三轮车通过，一边是京师大学堂的老墙，一块块灰砖整齐地排列着，有的砖缝已经坑坑洼洼，有的砖面已经支离破碎，有的墙面长出野草。盛开的黄色小花，在风中颤抖，没有摇曳生姿的妩媚，更像是对岁月流逝的感叹。一辆辆载客胡同游的三轮车每到这里，都会车速减慢，对车上的游客说："这面墙是学校的老物件，真东西！"然后飞驰而过。

扫描下方二维码，关注去来旅行公众号，回复"三眼井胡同"，即可观看视频

　　大学夹道的顶头就是三眼井胡同，据说这条胡同在清朝属于皇城区域，因胡同里有一眼三个井眼的水井而得名。后来嫌这眼井阻碍交通，将其毁掉了，所以走在这条充满了家长里短的生活气息的胡同中，看不到水井。但和坐在大树下摇着蒲扇乘凉的大爷聊天，上岁数的人都清楚这事。一位大爷说，这条胡同乾隆时候就有了，但没什么景点，就因为 61 号院是早些年毛主席在京师大学堂当图书管理员时居住过的地方，很多人都来看，其实就是正常的民房，没什么。

　　除了这里之外，这片区域内还有一处也是当年毛主席在北大打工时居住过的地方，就是吉安所左巷 8 号。"吉安所"读起来好听，从字面理解也觉得充满了美好的意味。但在明朝，这里是司礼监衙门，清朝，这里是贵人、常在、答应、宫女死后治丧的地方，当时叫"吉祥所"，民国初年，将名字改为"吉安所"，并变成居民区。左巷与三眼井胡同相隔不远，但并不好找，尤其是门牌号，我顺着往下数的时候，发现中断了，跳过两户人家的大门，又连接上了。数了两次之后，确定其中没有门牌号的一家就是 8 号，就是毛主席在北京的第二个住所。这座院子大门紧闭，与左右两边的院子看不出任何不同，灰墙筒瓦，墙头、门口各有一抹绿色。因为 1918 年 8 月 19 日，年轻的毛泽东来到北京居住在这里，这座小院落才变得不同。

这面墙是学校的老物件，真东西！

④ 智珠寺·TRB

当古老寺庙邂逅法式浪漫 ▷

　　从三眼井胡同出来，晴空下，一座红墙金瓦带有藏式风情的寺庙极其显眼，沿着蜿蜒的胡同往南走，转弯看到智珠寺。初见寺庙给人眼前一亮的感觉，这座有 200 多岁的寺庙并不破旧，确切地说是旧中带新，新中没有掩饰掉古朴的韵味。建于乾隆二十一年的智珠寺位于嵩祝寺西侧，早在明朝就是一座颇有名气的印经厂。据说，《乾隆大藏经》的第一次印刷就在此处。

　　进入寺庙的大门，发现已不见任何宗教色彩，佛像等早已不见踪影，大门外面粉饰一新，里面有一个投影仪，播放着寺庙翻修时的纪录片，四周摆放的装饰物，很多源于此寺庙。仰头看屋顶，彩绘依稀可见，部分花纹的图案还能看清，宝蓝色和绿色保持得很好，颜色鲜艳，朱红色和黑色的勾线略有斑驳。院子内装点得有些 798 艺术区的味道，现代感十足的雕塑分散着，与古老的寺庙建筑混搭在一起，转化出另一种意境。

院子里斑驳带点古韵
的休息椅子

往里走过一进院落，视野开阔许多，一株翠柏后有一方水池，后面有一面与水池同宽的白色墙壁，可以用于投影。再往里有一座原汁原味的建筑，震撼人心。院内没有任何粉刷建筑，包括吊梁上的花纹图案都只能隐约看到，一根根原木立柱、一处处飞檐和斗拱都赤裸裸地暴露在外，没有被油漆包裹，房檐上的灰瓦未加修饰，自然而然地形成一种灰色的渐变。建筑内的墙壁上，保留着"团结紧张严肃活泼"的红色标语，将时间定格在 20 世纪六七十年代，让人看过之后有一种时空变幻的感觉。据说当年修复这里的时候，目标就不是"修复一新"，而是将岁月的洗礼展现于世人。正因如此，2012 年，智珠寺荣获联合国教科文组织颁发的亚太地区文物保护工程年度范例奖。

如今在北京说起智珠寺，在时尚潮人的脑子里还会闪现出另一个概念，就是休闲场所。在智珠寺内包括三部分，一为法式餐厅，叫作"TRB"，全称 Temple Restaurant Beijing；二为东配殿改建成的画廊，免费观赏，即使不用餐，不消费，也可以走进来欣赏艺术品；三为西厢房改建成的小型旅馆。

再往里有一座原汁原味的建筑，震撼人心。没有经过任何粉刷，包括吊梁上的花纹图案

🏠 东城区景山后街嵩祝院23号
☎ 010 84002232（TRB）

⑤ 原中法大学·艺术 8

瞭望法国文化的前哨 ▶

　　穿过皇城根公园，视线就被一面深灰色的墙阻隔，深沉厚重的墙体上面配以红色的门和窗，风吹雨打之后，呈现出深浅不同的红与灰墙合为一体，犹如一幅水墨丹青画。在朱红色大门的一侧挂着一个牌子，写着"原中法大学"及其介绍。中法大学在高考填写志愿的时候可没看到过，这是一所什么大学？还占据这么好的地理位置。但若说到北京理工大学，无人不知，无人不晓，而其前身就是中法大学。不仅如此，北京大学、南开大学、复旦大学都与这所学校有着千丝万缕的关联。

　　看着眼前这座建筑，用指尖触及墙砖，轻轻地划过，才觉白云苍狗。这片宅院在清末时期为理藩部，是负责蒙古、回族各部、西藏等少数民族的最高权力机构所在。随着清政府的没落，这座衙门也被闲置下来。1924 年，李石曾将附近的

在这所学校的校训中有一条为"勤工俭学"，学校培养出来的学生们也不负众望

一块地买下来，建起中法大学。这座大学早在1920年就已成立，最初设在西山碧云寺，后迁至此。当时中法大学是中法联办，学生在国内学习一段时间之后，去法国深造。翻看这座大学的历史，纸上跳出很多熟悉的名字，蔡元培、李麟玉、徐悲鸿、郭麟阁、朱洗、戴望舒等，他们有的是这所大学的发起人、校长，有的则为学生。在这所学校的校训中有一条为"勤工俭学"，学校培养出来的学生们也不负众望，很多学生在法国秉承这一理念，完成了学业。对于留法勤工俭学，在我国的历史上有着举足轻重的作用，早在1919—1920年，一大批热血青年远渡重洋，投身政治活动，周恩来、邓小平、陈毅等人赫然在列。

沿着灰墙往北走，看到一扇高大的朱红门，高高的石台阶

已经残破，进入这座大门就是艺术8。站在堂内发现梁柱、屋顶还保留着旧时风貌，充满了岁月的质感，但有些地方在颜色上做了大胆的改变，显得很有艺术气息。艺术8沿袭中法交流的使命，成为中法艺术家的驻地，定期举办两国艺术家的个展，不定期举办一些文化交流活动，现在里面还有几件固定的展品。艺术8里面有一个面积巨大的教室，以前是阶梯教室，后被填平，改成现在的模样。沿着教室两边仅容一人过去的狭窄过道绕到黑板后面，有一座写有孙中山《遗嘱》的石碑，他逝世的时候留有三份遗嘱，分别是致国家、致家人、致苏联，石碑上的为致国家，其中"革命尚未成功"就出自这里。

艺术8
🏠 东皇城根北街甲20号
☎ 010 65819058
🕐 10:30-18:30
🌐 www.yishu-8.com

（翠花胡同店）
⑥悦宾饭馆

尝尝看 我国个体餐馆第一家的味道 ▷

　　沿着东皇城根北街往南走到五四大街，往东走几步就是翠花胡同的入口，从只容一辆小轿车宽的胡同口进去，没走几步就看到树立在门口的悦宾饭店红色招牌，正面写着饭店的名字，侧面写着"中国个体餐饮第一家"，门上挂着一串红色的小灯笼，看起来喜气洋洋的。掀开门帘进屋，里外两间屋子，外间与其说是屋子，不如说是一个略有宽度的过道，沿着两边墙壁各摆放几张桌子，将空间尽可能地加以利用。中间的里间方方正正的，有两张较大的桌子，显然是给聚餐准备的。餐桌的摆设也很有年代感，桌面上铺了一块白布，上面再铺一层厚塑料，很有 20 世纪 80 年代办公桌的味道。最有意思的是柜台，上面竟然还有一把老式算盘，一颗颗木算珠已被包浆，泛着润润的油光，这个被遗忘在时光角落里的工具，

在墙上有一个装裱起来的书法作品："尝尝看"

没想到竟然可以在这里看到！在墙上有一个装裱起来的书法作品，写的内容是"尝尝看"，落款"一九八〇年十月六日"，整整三十六年了。

蒜泥肘子是每桌必点的一道菜肴

在20世纪80年代，开个体饭馆可是一件惊天动地的大事。在当时人们还不知道什么叫个体饭馆，社会上也没有这种机构，据说悦宾饭馆开业那天，看热闹的人比吃饭的人还多，有的人甚至扒着门缝往里看，看到底个体饭馆长什么样。就这样，这家面积不大的小店，竟成为我国改革开放后的第一家饭馆，而老板刘桂仙也成了当时的风云人物。

现在来这里吃到的招牌菜，一如当初，主要还是当年的几样，如蒜泥肘子、五丝桶等，尤其是蒜泥肘子是每桌必点的一道菜肴。伴着香喷喷的蒜泥和酱油混合在一起的香味，蒜泥肘子端上来了，满满当当一大盘，感觉如果端不稳，肉随时能掉下来。盛着肘子的白瓷盘一角掉瓷了，露出黄色的纹理，很有岁月的质感。蘸着浇在肘子肉上的蒜酱汁，吃一口肘子肉，烂而不柴，配合着蒜泥，肉质的香味全部被调动起来了，混合着酱油汁，越嚼越香。出于好奇，我想知道蒜酱汁都用了哪些配料，刚好服务员过来，咨询她。小姑娘利落地回答："我们这里的菜用的都是家里厨房常用的佐料。"

⌂ 东城区翠花胡同 43 号
☎ 010 85117853
🕐 11:00-14:00,
　 17.00-21.00

八大胡同

据民国时期的《顺天时报丛谈》一书记载，"然在该处（大栅栏）以南，娼寮丛处，所谓八大埠是也。八大埠者，如王广福斜街、石头胡同、陕西巷、韩家潭、朱茅胡同、朱家胡同、胭脂胡同、燕家胡同、百兴胡同、留守卫、小李沙帽胡同、火神庙、青风巷等，是以数计之，实不止八，且在媒市街迤东尚有王皮胡同（俗谓之王八胡同）、莩家胡同两处……"

烟花散尽 梨园永同

晋阳饭庄的招牌菜"烧鸭"

内观堂代阿嬷做的手工艺品

在北京提起"八大胡同"，人们往往会不约而同地莞尔一笑，因为大家都知道这四个字的意思是烟花柳巷之地。但在当时，逛"八大胡同"还有另一层含义，就是娱乐圈、社交圈，据说当年袁世凯宴请宾客都选在这里。

而要追溯起八大胡同的发展历程，可从乾隆二十一年北京内城禁止开设妓院说起，城内的很多妓院迁到了大栅栏一带。到了乾隆八十大寿时，徽班进京，率先进京的"三庆班"就住在韩家胡同，当时叫韩家潭。此后一些戏班陆续进京，也都选择在相邻的百顺胡同落脚，所以北京有句俗语叫"人不辞路，虎不辞山，唱戏的不离百顺、韩家潭"。此后，很多京剧名家的堂号也都在此，如梅兰芳的云和堂、程长庚的四箴堂、谭鑫培的英秀堂等。

新中国成立后，开展了一次大规模的"扫黄"运动，封闭了北京城内所有妓院，整顿后的"八大胡同"再也没有一丝胭脂水粉气息，昔日的妓院、茶楼等也都成了居民院。

平日里，走在错综复杂的八大胡同地区，少有游人与过客，取而代之的是大爷大妈们悠然的日常生活。虽然这里有的胡同名称早已改变，如韩家潭改为韩家胡同、王广福斜街改为棕树斜街、李沙帽胡同改为小力胡同，很多气派的小院都成了大杂院，昔日的繁华消逝成今日的残片，但并不影响到此一游的价值。民间流传"赛金花保护北京"的故事，"蔡锷与小凤仙"的传奇爱情，伶界老少爷们互济互助的佳话，京剧泰斗谭鑫培家几代人居住的居所……让人感觉不虚此行。

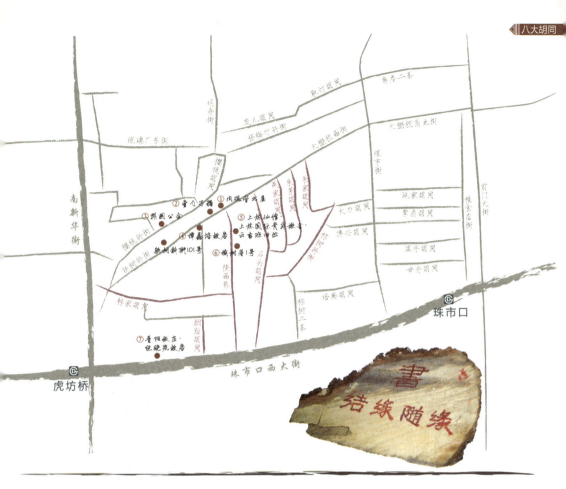

起始地
▷ 珠市口地铁站

路线： ①内观堂书屋—②壹勺子糖—③梨园公会—④潭
鑫培故居—⑤上林仙馆·上林国际青年旅舍·云吉班旧
址—⑥榆树巷1号—⑦晋阳饭庄·纪晓岚故居

终点
◉ 虎坊桥地铁站

① 内观堂书屋

你好，那些回忆里的老物件 ▷

胡同里一间外墙爬满了开着紫花的豆角架，只露出一扇蓝白色的玻璃门，上面用黄油漆写着繁体的"书香"二字。若不是这两个字，可能很多人会错过这里，把它想成是一户人家。走近这扇玻璃门发现旁边有一只木板凳，上面放了一块原木横截面木板，深深浅浅的木纹上用红色油漆写着繁体"书"字，下面还有"结缘随缘"四个字，充满了淡泊之气。当推开门的一刹那，整个人都震惊了，满屋子的老物件令人眼花缭乱：用红线绣着1978，下面配有两只熊猫的白布门帘；上满了发条就会蹦蹦跳跳的铁皮青蛙；像一块长形方木的黑色收音机，一沓摞起来的黑胶唱片；镶着镜框挂在墙上的奖状；老式的闹钟、缝纫机，等等。靠墙还有两排放满了旧书的书架，满满当当泛黄的书立满了两面墙。

别以为它们时间久了，不能用了，就这个电铃师两天找人修了一下，照样响

扫描下方二维码，关注去来旅行公众号，回复"内观堂书屋"，即可观看视频

很难想象这家店的老板是一位两鬓花白的阿姨，这间房子就是她家的，退休在家，把老房利用起来，开设了一家二手书店。刚开始的时候，都是自家和亲戚家的旧书，后来同事、邻居都把家里闲置下来的书和一些小物件送过来，慢慢地，书店里的二手书越来越多，分门别类的老物件也越来越多，这间老房变成了承载着旧物的时光机器。老人们看到屋内的毛主席像章和周总理相片画，会感慨万千；年轻人看到挂在墙上的一只电铃，一本本摞起来的小人书，一件件色彩斑驳的老玩具，一双双手工小布鞋，会倍感亲切。还有时间更久远的东西，比如挂在墙上的一个关公木雕，老房梁，等等。说到这些老物件，阿姨说："别以为它们时间久了，不能用了，就这个电铃前两天找人修了一下，照样响！"满脸的自豪中，带着一种对老物件的爱惜之情。

阿姨看店的时候也不闲着，经常坐在门口边上的小板凳缝制布艺，或是做一些小玩意儿。店门口的那块木头上就是阿姨亲自设计的，她说："当时在街边看到这块木头，捡回来了，想着利用起来做点什么，又觉得不知道做什么，后来发现在上面写几个字放在门口很好看，到店里的人也都觉得不错。上面的几个字也是我亲手写的，没想着好看不好看的，就是图一个乐儿！"店内的小布鞋、布口袋也都是阿姨自己做的。

🏠 西城区铁树斜街胡同（近陕西巷）
☎ 13521643509

阿姨看店的时候也不闲着，经常坐在门口边上的小板凳缝制布艺

扫描下方二维码，关注
去来旅行公众号，回复
"壹勺子糖"，即可观
看视频

② 壹勺子糖

老厂房升级再造的惊喜 ▷

　　在质朴的铁树斜街上，壹勺子糖是一处独具特色的所在。灰色水泥墙面与周围建筑融为一体，墙上保留着"北京继电器厂"的字样，勾人回忆。下面简约的黑色铁质门窗、装饰、店面，让整个空间透出一股新生感，又显得与众不同。店内的装饰是简约、现代工业风格，升级再造的理念渗透在每一个角落，这种风格一直延续到二楼，直到推开露台的玻璃门的一刹那，一切都变了。屋顶上种了很多植物：开着黄花的瓜棚，果子还是青色的西红柿，开满了墙面的小花，营造出一派田园温馨。坐在中央的太阳伞下，一览周围屋顶，偶有一群鸽子飞过，长长的鸽哨声划过晴空，老北京胡同里那种久违的安逸感又回来了。露台的一边有楼梯，一架枝干遒劲的葡萄藤蜿蜒在上面，顺着葡萄藤走下去，有一种小小的神秘感，走到头，推开门，

又回到了一楼大厅。

　　店内的桌椅大多为木质，原木色，桌上放着一小束丝带绑着的干花，枯枝黄叶中有带有颜色的花朵，配以深绿色的丝带，立即给店内增添了一丝文艺气息。要了一杯店内自制的酸果苏打水，抿一口酸中带着一丝甜的饮品，静静地享受这段悠闲时光，望着桌上晶莹剔透的蓝色玻璃杯，如梦如幻，好像外面的世界与自己完全不相干了，似乎就这样坐着发呆也是一种不错的享受。正如这家店老板所起的店名一样，老板说："店名是美国电影《欢乐满人家》中的一句歌词，A spoonful of sugar helps the medicine go down. 意思是：人生苦如药，随时需要一勺子糖来帮助治愈。"而店内除了出售食物饮品之外，还出售纯植物制造的日用品，味道清淡，使用起来很温和。

西城区铁树斜街 59 号
010 63083971
周二—周四 9:30~21:00,
周五—周日 9:30~22:00

③ 梨园公会

重温伶界的侠肝义胆 ▷

　　从壹勺子糖出去沿着铁树斜街往下走，第一个路口右转走到樱桃斜街，继续沿着街道往前走，有一座再平常不过的院子，站在大门前仔细观察，发现门簪上有四个字与一般人家不同——梨园永固，顷刻间让这座院子变得不平凡起来。

　　这座院子是当年梨园公会所在地。梨园公会是在京戏曲界人士的群众组织，据记载，成立于1928年，由郝寿臣、侯喜瑞、叶春善等50位演员发起成立，以救济贫苦的戏剧从业人员为主旨。所用资金通过捐助义演来筹集，并由戏班和戏园共同承担，办法是抽取每日演出所售的一张头等票金额。1936年，当局责令该组织改组。同年7月，北平梨园公会正式成立，地点还是这里，梅兰芳、程砚秋、尚小云、余叔岩、马连良、谭富英等15人被选为董事。1945年，尚小云当选梨园公会

扫描下方二维码，关注去来旅行公众号，回复"梨园公会"，即可观看视频

理事长，他每年岁终会组织赈济同业的义演或服灾义演，甚至拿出自己的积蓄接济贫苦同业，侠义举动，令人佩服，将梨园公会设立之初的目的发扬光大。

如今，这里已经是一处民居，走到里面已感受不到当年梨园群星荟萃的光彩，若不是门簪上的四个大字，恐怕谁也想不到这里和梨园界有何关系。而这座院子所在的樱桃斜街，也是一条充满传奇色彩的胡同，在胡同内过去有一座贵州会馆。清朝时，纪晓岚曾来此饮酒作诗，清末民初，蔡锷被袁世凯软禁在此，他与京城名妓小凤仙幽会的地方也就在这里。而民国时期，享誉京城的《群强报》报馆也在这条胡同内。

🏠 西城区樱桃斜街 65 号

④谭鑫培故居

追忆京剧谭派的五代传奇 ▷

　　樱桃斜街走到头，就是与铁树斜街交会的地方，由此走到铁树斜街上刚刚好。两条斜街同样的走向，同样充满市井生活味道，同样拥有精彩绝伦的传奇。

　　铁树斜街101号，一座站在门口就觉得气质不凡的四合院，青条石的门楼，两侧狮头抱石鼓，大门上有一幅黑底雕金对联"门庭香且宝，家道泰而昌"，里面还有一道门，上面写着"门吉祥财运好，贵宝地风水高"，两道门中间的一小块地方铺着花砖，色彩艳丽，对着大门应该是一座影壁，前面被占了，不过影壁上的花纹仍可见。这里是《同光十三绝》画谱中京剧表演艺术家梅巧玲的故居，当时名为"景和堂"，1894年，他的孙子梅兰芳诞生于这座院子的东厢房内。

沿着铁树斜街往东北方向走，能看到一座灰砖二层小楼

扫描下方二维码，关注去来旅行公众号，回复"谭鑫培"，即可观看视频

　　沿着铁树斜街往东北方向走，直到看到一座灰砖二层小楼，这座院子就是京剧大师谭鑫培的故居。故居的大门在大外廊营胡同里，墙上有一块牌子，上面是关于谭鑫培故居的介绍。故居已经变成一座大杂院，顺着窄小的空间往里走，愈发觉得拥挤，走到里面发现已经被堵住了，原来的四合院被拆分开来。

🏠西城区铁树斜街大外廊营1号

　　谭家从清末咸丰年间就居住于此，据说原来大门前有一块门牌，写着"英秀堂"，这三个字出自晚清才子李毓如之手。谭鑫培在世的时候，许多京剧名角往来于这座院子，彼此切磋技艺，研究剧目，成为梨园界的一段佳话。那时候，在院内有一块空地，是谭家说戏、练功的地方，谭鑫培、谭小培、谭富英、谭元寿、谭孝曾五代人都在此留下身影，可以说谭派的技艺是在这一方天地原汁原味地薪火相传下去的。直至1968年，在这里居住超过130年的谭家才搬出老宅。

⑤ 上林仙馆·上林国际青年旅舍·云吉班旧址

小凤仙，古来侠女出风尘 ▷

　　走进陕西巷，嗅不到一点点头等妓院味道，毕竟一百年前这条胡同里的妓院多达14家，在"八大胡同"中很有名气。慢悠悠地往胡同深处走着，两边小店、饭馆林立，三轮车、自行车穿梭其中，生活气息格外浓厚。直到走到上林仙馆，看到这座两层的天井式四合院鹤立鸡群一般，才会想起100年前陕西巷的模样。

　　上林仙馆是清末民初一代名妓小凤仙挂牌的地方，一度是陕西巷内最为红火的一座烟花青楼。据说，这座建筑始建于明末清初，明清风格保存完好，现在开辟为上林国际青年旅舍。凭借着小凤仙的名气，生意不错，很多人都选择到这里住一晚，一来感受老房子，二来就是冲着小凤仙的芳魂。旅舍的墙上

旅舍的墙上刻着繁体的
"上林仙馆"四个金色
大字

刻着"上林仙馆"四个金色大字，看得出来是新涂的，门口挂着两只大红灯笼，门旁还有一块牌子，写着"赛金花·小凤仙文化馆"。进旅舍就看到一张当年张瑜扮演小凤仙的剧照，依旧保留着过去的建筑格局，天井式二层围栏小楼典雅古朴，阳光从天棚照射下来，将天井照得格外明亮。几位旅客坐在沙发上晒太阳，一副慵懒悠闲的样子，两只猫咪在中间走来走去。旁边有一个多宝阁，摆满了古香古色的老物件，韵味十足。在一楼的走廊上欣赏了一会儿精美的门窗雕花，踩着红漆斑驳的台阶，沿着木楼梯走上二楼，怀着探秘的心思找到了210房间，据说是小凤仙曾住过的屋子，现在也只是旅馆众多房间中的一间而已，别无特色。

庭院里的珍贵木雕

在陕西巷内还有一处小凤仙的足迹，走过一家家小店，到一处灰砖红门的居民院前，门旁边挂着"云吉班旧址"的牌子。云吉班是当年小凤仙挂牌的地方，就是在此她结识了蔡锷将军，上演了一出"美人救英雄"。蔡锷曾先后为小凤仙留有对联，"不信美人终薄命，古来侠女出风尘"和"此地之凤毛麟角，其人如仙露明珠"。蔡锷将军在日本病故，小凤仙写下了"不幸周郎竟短命，早知李靖是英雄"。走进这座大杂院，建筑物破旧凋落，但透过某处细节仍能想象到当时的华丽，尤其是院内的二层小楼。红色的窗棂和栏杆，屋檐上的一圈精致的挂檐板，经历了多年的雨打日晒早已生锈，但仍能看出昔日的风采。

🏠 西城区陕西巷22号（上林仙馆）
西城区陕西巷52号（云吉班旧址）
☎ 010 83166568
¥ 10元，住宿免费

⑥ 榆树巷 1 号

传奇赛金花和她的怡香院 ▷

在上林仙馆的南边有一条巷子，巷子口不过 2 米宽，极不起眼，这就是榆树巷。在这条巷子里行走，经常性的一个动作就是侧身，每当遇到人或自行车时，都要做这个动作，至于三轮车，进来的可能性非常小。走走停停，跌跌撞撞，走了几十米右手边有一户简单的小木门，露出红砖的墙面上挂着一个牌子："榆树巷 1 号茶室"，牌子在阳光下折射出一道光线，有些刺眼。这里就是清末时期一代名妓赛金花挂牌的地方——怡香院，清朝光绪年间的进士陈宗藩在《燕都丛考》里写道："自石头胡同西曰陕西巷，光绪庚子时，名妓赛金花张艳帜于是。"

院内的房子已经破损，有的地方甚至可以用"不堪"来形容，与里面的二层小楼极不相称。小楼有些面目全非，但骨架还在。赛金花早年以"公使夫人"的身份陪伴其夫出使欧洲各国，加上清末时期社会上又涌现出一股仿洋的风潮，因此，赛金花的怡香院很有西洋味道。一层新盖了很多小砖房，破坏了原来的格局，显得杂乱，不过从绿漆立柱和一排莲花式的垂花柱子上仍能想象到当初的风采，尤其是垂下来的一朵朵莲花头，好像是岁月老人特意留给后人的信物，等待着有缘人通过这一点小小的印记，撕开时光的封印。二楼的露天走廊堆放满了杂物，栏杆已经不成模样。据说，原来这座院子的大门是开在陕西巷的，而不是现在的榆树巷，这也完全在情理之中。赛金花是当时京城红极一时的名妓，怎么会将自己挂牌的院子开设在如此隐蔽的地方呢！

从院内的一间房内走出来一位阿姨，轻描淡写地说："这儿找不到原来的样儿了，没什么好看的，就是一座大杂院！"不过，不走一遭，不亲自站在这座小院内，怎会感慨良多！谁能想到，这里就是八国联军打进北京之后，赛金花和德国元帅瓦德西周旋之地呢？为此，赛金花也赢得了"议和人臣赛二爷"的美名。赛金花晚年生活凄凉，死后在陶然亭草草下葬。如今，去陶然亭公园，在锦秋墩南坡上还能看到赛金花墓。

🏠 西城区榆树巷 1 号

⑦晋阳饭庄·纪晓岚故居

吃山西菜 看阅微草堂 ▷

从陕西巷南口出来,沿着珠市口西街往西走,看到古朴典雅的晋阳饭庄。饭庄的西边有一架紫藤花架,两三辆三轮车停在这里,车夫蹲在一边闲聊着,旁边有一座手持大烟袋的铜人塑像,偶尔来人与其合影,这里就是纪晓岚故居。早先这片地方都是纪晓岚故居,饭店是后改建而成的。

晋阳饭庄是一家著名的老字号餐厅,也是京城内最早一家以经营山西风味菜肴为主的饭店,大堂与外面装修风格一致,古朴、典雅,环境舒适,桌子之间距离不大,用餐的时候没有拥挤感。饭庄的招牌菜是香酥鸭,据说这是饭店开业的时候带到京城里的山西风味烧鸭。在北京烹饪鸭子有一定的挑战性,烤鸭已经独霸一方了,烧鸭很难让人接受,所以,当

香酥鸭的吃法与烤鸭很像,同样佐以甜面酱和葱丝,不同的是要夹上空心荷叶饼

时这里制作的烧鸭并没有得到京城食客们的认可。后来经过厨师们的不断研究和改进，制作出了外焦里嫩、香且酥脆的香酥鸭，受到顾客的青睐，才在京城站稳脚跟。香酥鸭的吃法与烤鸭很像，同样佐以甜面酱和葱丝，不同的是要夹上空心荷叶饼。香酥鸭的肉几乎脱骨，鸭皮保持比较完整，吃到嘴里有皮的脆、肉的香，令味蕾十分满足，再配上空心荷叶饼，味道为之一变，演化成肉与面的混合香。晋阳饭庄里还有一道大名鼎鼎的山西美食，就是刀削面，一碗面将山西面食传播到四面八方，可谓功不可没。晋阳饭庄的刀削面与其他刀削面馆里的相比，量小了许多，少了几分豪放之情，多了几许雅致。更不同的是，这里的面与卤汁是分开的，卤汁单独出售，口味任选。夹起一根面，不粗，薄厚过渡很明显，吃到嘴里口感劲道爽滑，很有嚼头。

店里的题字：晋膳劲美

在晋阳饭庄吃饭可以免费参观纪晓岚故居，也算是给食客们的一个福利。故居内雕梁画栋，红油绿漆，装点一新。进入展室，一眼就看到了展柜里纪大学士那柄长长的烟袋锅。据说，纪晓岚烟瘾极大，为此特意找人定制了一把盛烟丝的旱烟袋。编纂《四库全书》的时候，他也手不离烟，以至于他的传世画像中，除了手持书卷的，就是拿着烟袋的形象。第二进院是当年纪晓岚的书房，著名的阅微草堂——《阅微草堂笔记》的诞生地。大厅内高悬着"阅微草堂旧址"匾额，为启功先生书写，两边的房间复原成书房模样，书桌、书架、多宝阁等家具古色古香，尽管如此，置身其中也很难领略到阅微草堂的气息。走过人生81载的纪晓岚，在这座庭院中先后度过了62个春秋，后院的一株海棠树记录了少年时的他和婢女文鸾的恋情，而如今大学士的家成了饭后一游的地方，想到这里顿觉感伤。

店里的格局

🏠 西城区珠市口西大街 241 号
☎ 010 63036712（纪晓岚故居），010 63031669（晋阳饭庄）
¥ 10 元，就餐免费参观
🖥 www.jxlgj.cn

菜市口·牛街

若是在两百年前，说到菜市口，可以用"五味杂陈"四个字来形容。这里虽是戏文里唱道"推出午门斩首"的副场，但血溅黄土、几缕尘埃落定之后，又成了熙熙攘攘的菜市场。

探寻质朴胡同里的传奇与美食

老北京豆汁

爆肚冯的爆肚

桂馨斋酱菜

若是在两百年前，说到菜市口，可以用"五味杂陈"四个字来形容。这里曾是戏文里唱道"推出午门斩首"的刑场，但血溅黄土、几缕尘埃落定之后，又成了熙熙攘攘的菜市场。如今，站在菜市口，已嗅不到空气中的血腥味和蔬菜味，走在一条条看似破败、萧条的胡同里，却依稀能体会到老舍笔下的老北京。一株株槐树，一架架瓜棚，一个个门墩，一扇扇木门，一位位满口京味的大爷大妈……这里少有游客，更没有时髦、个性的小店。这么一方小天地，周围不乏林立的高楼，几步之宽的小马路，便将生活方式区分开来。

但也不能因为如此，便看轻了这里，因为随便走进哪条胡同，在一座院子前停下来，都可能会看到一段短短的介绍，看过这些文字，不由得会吓一跳，没想到谭嗣同、鲁迅、毛泽东等历史上重量级的人物，都在此生活过。而这些院子，在当时有一个专有称呼，就是"会馆"。清代中期，北京城内的会馆最为鼎盛，尽管现在很难想象当时谈笑有鸿儒的景象，但不管这些会馆怎么变，变成什么样，那些曾发生在会馆的故事不会变。

逛过了充满传奇的会馆，与之紧邻的就是牛街，一个让人享受饕餮盛宴的地方。在这条街上饭馆一家挨着一家，从老字号的饭店、槐树旁的小吃店，到超市内小小的摊位，每家都有自己的招牌，每一种美食都会给味蕾带来绽放。

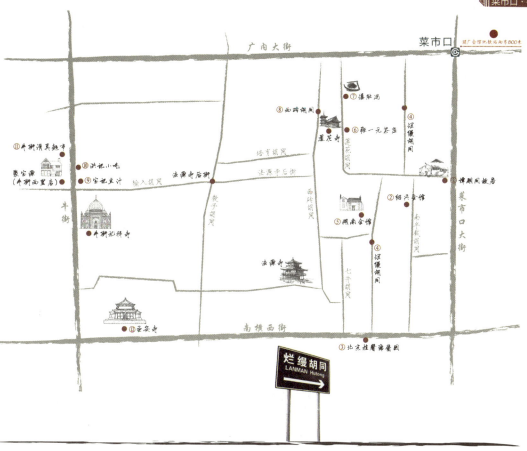

广内大街

菜市口

湖广会馆地铁站南市800米

⑦ 爆肚冯

⑧ 西砖胡同

莲花寺

⑥ 张一元茶庄

⑤ 烂缦胡同

塔育胡同

法源寺后街

谭嗣同故居

⑪ 牛街清真超市

⑩ 洪记小吃

聚宝源
(牛街西里店)

⑨ 宝记豆汁

输入胡同

法源寺后街

教子胡同

西砖胡同

② 绍兴会馆

牛街

⑤ 湖南会馆

南半截胡同

牛街礼拜寺

④ 烂缦胡同

法源寺

七井胡同

⑫ 圣安寺

南横西街

③ 北京桂馨斋酱园

菜市口大街

烂 缦 胡 同
LANMAN Hutong
→

▶ **起始地**
菜市口地铁站

路线 ①谭嗣同故居—②绍兴会馆—③北京桂馨斋酱园—④烂缦胡同—⑤湖南会馆—⑥张一元茶庄—⑦爆肚冯—⑧西砖胡同—⑨宝记豆汁—⑩洪记小吃—⑪牛街清真超市—⑫圣安寺

◉ **终点**
牛街

① 谭嗣同故居

到老房子里看看去 ▶

老北京四合院
门敦

从菜市口地铁出来，没走多远就是谭嗣同故居，这段短短的路程，走起来容易，找起来却不易。谭嗣同故居地址写的是北半截胡同，一路找过去，发现北半截胡同已经不存在了，只有一条南半截胡同。

扫描下方二维码，关注去来旅行公众号，回复"谭嗣同"，即可观看视频

走到这座当年谭嗣同被捕的院落，发现这里已经成为大杂院，只有在大门一侧的墙壁上，留有一块匾额大的标识，写着"谭嗣同故居"，上面有关于故居的简单介绍。也许冲着谭嗣同的大名来此人的太多了，住在院子里的人似乎已经习

　　惯了，偶尔有人带着好奇的目光打量着院子，便会主动说："这就是谭嗣同故居，当年他居住在北套房，院里有一棵槐树，据说还是他亲手种的呢！您要是站在前面马路的天桥上，能看到这座院了的大概格局。"穿过狭窄的小道，走到最里面，高大的屋宇依稀可辨，难道这就是谭嗣同的"莽苍苍斋"吗？房子还保持着老式的窗户，房顶长着几撮狗尾草，一阵风吹过来，毛茸茸的草在屋顶飘摇，在明晃晃的阳光下显得十分耀眼。

这里已经成为大杂院，只有在大门一侧的墙壁上，留有一块匾额大的标识，写着"谭嗣同故居"

🏠 西城区北半截胡同 41 号

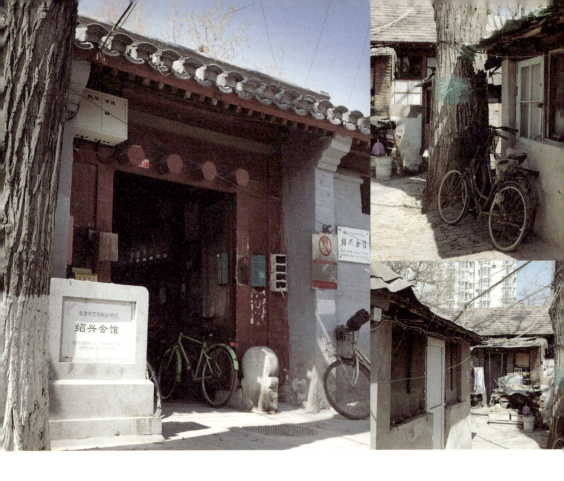

② 绍兴会馆

原来鲁迅在这里生活过 ▷

  南半截胡同散发着浓浓的生活味道，胡同一旁的电线杆上
扯着绳子，晒着一床床的被子，一阵风过，被子摆了两下，
摇摇荡荡，让人自然而然想到童年时光。在这条胡同里隐藏
着四所会馆：7 号的绍兴会馆、16 号的彰德会馆、21 号的黟
县会馆和 41 号的江宁会馆，现在都变为民居，只有绍兴会馆
的门口有标示牌。

绍兴会馆之所以出名，离不开一个人的力量——鲁迅先生。据说，鲁迅先生在此生活了好几年，并写下《狂人日记》《孔乙己》等作品。绍兴会馆内现今居住着一二十户人家，走进去看着鳞次栉比的房子，有点儿发憷。正好迎面走来一位大妈，她见是游人来访，主动介绍起来："往里走，别看这儿院子窄，里面宽敞着呢！鲁迅先生就在里面住过。"沿着一条不到两臂宽的通道，转两个弯走进去，里面果然别有洞天，只是鲁迅先生的补树书屋早已难觅踪影。

绍兴会馆内现今居住着十几户人家，走进去看是鳞次栉比的房子

西城区南半截胡同7号

老四合院里的鸟笼

桂馨斋里品种
多样的酱菜

一个招牌大、门脸小的店，名
为"北京桂馨斋酱园"

🏠 西城区南横西街50号
☎ 010 63522498

③ 北京桂馨斋酱园

小小酱园也有好好味道 ▷

从南半截胡同的南口走出来，看到一个招牌大、门脸小的店，名为"北京桂馨斋酱园"，匾额上写着店的介绍。真想不到，这么一家小小的店，竟然始建于乾隆元年（1736年）。走进店内，扑面而来就是一阵浓浓的酱香，香香甜甜中夹着一点儿咸。狭窄的过道，一旁摆放着货架，上面整齐地堆着大大小小的咸菜罐。店的一头是齐腰高的柜台，后面是两排酱缸，每一个缸里都盛着满满的种类各异的酱菜，黑色、红色、翠绿色、棕色、白色等不同颜色的咸菜，看着引人食欲。"您来点儿什么？"售货员爽快地问道。"要一点儿酱萝卜！"两位食客答道，"早上吃粥配这个最好，萝卜不咸不辣，清脆爽口，每咬一口都能听到爽脆的声音，有种说不出的爽快！"

胡同口的标识

④ 烂缦胡同

当繁华落尽后 ▷

　　烂缦胡同与南半截胡同相平行，虽然胡同的名字让人觉得浪漫，但这是一条非常低调的胡同，灰墙黑瓦，走在这里察觉不到任何繁华的端倪。据说，烂缦胡同以前叫"烂面胡同"，在《燕都丛考》里有"烂面胡同亦作懒眠"的记载。作为北京最古老的胡同之一，如今胡同内有六座会馆遗址，分别是65号的水月庵、89号的湘乡会馆、97号的济南会馆、101号的湖南会馆、131号的东莞会馆和133号的常熟会馆，除了湖南会馆之外，其余五座会馆荡然无存，清一色变为大杂院。一路找过来，如果不是看着门牌，肯定会自然而然地走过，因为即使走到这些院子前，也看不到一丝半点关于"这里曾经是座会馆，这里曾经发生过什么"的只言片语。只有在和当地住户聊天的时候，上了年纪的大爷大妈才能说出"在清朝，胡同西有水月庵，东有广仁堂……"

烂缦胡同中的一角

🏠 西城区南横西街与广内大街之间
🚇 菜市口地铁出D口向西即到

湖南会馆的
大门

⑤ 湖南会馆

毛泽东的 1920 年 ▷

扫描下方二维码，关注
去来旅行公众号，回复
"湖南会馆"，即可观
看视频

　　向烂缦胡同深处走去，没多远就会看到一扇新修葺的朱红大门，在阳光下耀眼夺目，衬得门口的两棵绿树更加生机勃勃。走到大门这里，就会看到墙上四个大字"湖南会馆"，下面写着一小段简短的介绍。一路走来，可以说这里是整条胡同最醒目的建筑，堪称这条胡同内一处独特的风景。

　　会馆之所以出名，原因是曾有一位名人曾居住于此，他就是毛泽东。1920 年，毛泽东住在这里，并在此召开了"湖南各界驱逐军阀张敬尧大会"。看我在门前拍照，坐在门前石凳上玩耍的两个小孩，说："这是新修的，不开放的！"说完，飞一样地跑了。

🏠 西城区烂缦胡同 101 号

西城区西砖胡同2号院7号楼

⑥ 张一元茶庄

清风徐来茉莉香 ▶

张一元茶庄的散装茶叶

走到莲花胡同，迎面清风徐来，伴着淡淡的茉莉花香，闭上眼睛深深地吸一口气，把整个人的身心都浸到这香气之中。突然想问这花香是哪里来的，一边思量，一边四处找寻香味的源头，抬头就看到了写着"中华老字号，百年张一元"的茶庄。难怪如此之香啊！

色彩斑斓的垂花门，两只喜气洋洋的大红灯笼，走到这里，不需要深呼吸了，整个人从头到脚都被茉莉花香包围着。推门进去，一声悦耳清脆的问候："您来点儿什么？"进入大厅，身边的柜台上摆放着各种茶叶和形态各异的小茶壶，墙边立着一排排擦得发亮的茶罐，目之所及全部与茶相关。而此时，人已完全融入了茉莉花茶的香气之中。

从茶庄走出来，会看到路对面一扇紧闭着的大门，在门两边分别有一个小牌子，上书"莲花寺"，如今这里也只是残存的遗址。

中华老字号，百年张一元

张一元茶庄的茉莉花茶

爆肚冯的水
爆百叶

⑦ 爆肚冯

一盘爆肚 四代传奇 ▷

　　从张一元茶庄出来没几步就会看到爆肚冯，黑色的匾额上三个金色大字，两旁配着一副对联，上联曰"百年留香悠悠雅客缘"，下联为"几世光景深深京味情"。短短十八个字，将"爆肚冯创始于清朝光绪年间，历经百年，传承到今已是第四代人经营"，以及"爆肚是北京的代表性小吃"这些背景知识概括得一清二楚。

　　坐在古香古色的桌前，看着伙计将一盘盘冒着热气的水爆百叶、羊肚仁、羊散丹端上来，空气中飘散着爆肚特有的味道，咽了一下口水，用筷子夹了一筷子百叶，蘸上特有的佐料，吃到嘴里又脆又嫩，爽口留香，此时的爆肚又转化成另一种味道，与刚刚闻到的爆肚截然不同。吃完爆肚，将佐料碗直接冲上爆肚汤，店里人说"这叫原汤化原食"。喝汤的时候就着烧饼，一套完整版的爆肚就齐活儿了。

坐在古香古色的桌前，看着伙计将一盘盘冒着热气的水爆百叶、羊肚仁、羊散丹端上来

🏠 西城区口口十字路口西南
　　莲花胡同
☎ 010 83558088

⑧西砖胡同

平平淡淡中的岁月静好 ▷

扫描下方二维码，关注
去来旅行公众号，回复
"西砖胡同"，即可观
看视频

这条胡同里没有名人故居，没有会馆，更没有拿着相机的
游人。平淡无奇的胡同里，两边绿树成荫，难得的是有一小
段路竟被树荫遮挡着，几个小孩就在这一方阴凉中玩耍，银
铃般的笑声打破了胡同里的安静，让人不禁想起童年时光。
单纯的快乐，简单的满足，一切就如同这条胡同一样。走在
胡同里，碰见最多的是推着自行车的老人，他们应该就是这
条胡同的主人。他们有的人车筐里放着青菜，有的人车后驮

🚇 菜市口地铁出 D 口向西 200
米即到

着小孩，熟人碰见相互打声招呼。

　　胡同里大多是简单的院子，有些人家的大门依旧是木门，油漆剥落，木头暴露出来，被抚摸得光滑发亮。有的人家还开辟出一块小天地，搭起一座小菜棚，结满葫芦、丝瓜。菜棚下还摆着一盆盆常见却叫不出名儿的花草，自然随意，悠然自得，就如静好的岁月。

这条胡同里没有名人故居，没有会馆，更没有拿着相机的游人

扫描下方二维码，关注
去来旅行公众号，回复
"宝记豆汁"，即可观
看视频

🏠 西城区牛街输入胡同 27 号
☎ 010 63535728

宝记老北京
豆汁

⑨ 宝记豆汁

一网打尽北京经典小吃 ▷

在输入胡同一家挨着一家地出售各种清真美食的小店中，这家店实在不起眼儿，若不是看到醒目的蓝色招牌，几乎就会错过不大的店门。一旦走到店门，就会被店里的阵势惊到。狭窄的过道挤满了食客，尽管两边出售各种清真肉食，空气中飘散着肉香，而食客们对此似乎兴趣不大，几乎都是直接奔着里屋的豆汁、焦圈、炒草莓、炒红果、麻豆腐、驴打滚、豌豆黄、艾窝窝、饹吱饸、山楂糕等小吃去了。

若不是看到醒目的蓝色招牌，几乎就会错过不大的店门

"来袋豆汁！""来包炒红果！""一斤驴打滚！""一盒艾窝窝！"食客们如数家珍地脱口而出每样小吃的名称。有一位热情的老奶奶看到一个年轻人一脸狐疑地看着价目表，开口道："这家的豆汁最好，浓醇，酸里面泛着甜。年轻人要是喝不惯，就来点驴打滚，外面的豆面非常香，里面豆沙细腻，吃起来口感软软的。"

⑩ 洪记小吃

赴一场清真小吃盛宴 ▷

从输入胡同出来往右转就是牛街，走到这条街上最常见的情景就是"排队"，每家店的队伍都不同，而洪记小吃店则是清真小吃。

绕过人群，走到外面窗口的柜台前，透过玻璃看到各种熟食，羊头肉、牛肉粒、松肉、酱羊肉、牙签肉、牛蹄筋，等等，一块块看得人口水直流。而另一边小吃窗口，炸糕、驴打滚、豌豆黄、年糕、艾窝窝、糖卷果、糖火烧、椰丝糕等，色彩鲜艳，琳琅满目。旁边还有一个冒着热气的窗口，里面架着一摞高高的笼屉，最上面的一层半掀着，露出一个个白胖胖的牛肉包子。

另一边小吃窗口，炸糕、驴打滚、豌豆黄、年糕、艾窝窝、糖卷果、糖火烧、椰丝糕等，色彩鲜艳，琳琅满目

看完这么多丰盛的小吃后，走到店内，古朴简单，干净利落。坐下来，点了牛肉包子、牛肉粒、炸糕，据说这三样是这里最好吃的。牛肉包子皮薄肉满，热乎乎一口咬下去，瞬间满口肉香。牛肉粒饱满，肉质鲜嫩，很实在，味道纯正。最赞的就是炸糕了，外皮金黄酥脆，一口咬下去，听着外壳的脆裂声，嘴巴里豆馅与面皮混合在一起，绵软酥香，层次鲜明，确实值得期待。

🏠 西城区牛街 12 号
☎ 010 63550735

扫描下方二维码，关注去来旅行公众号，回复"洪记小吃"，即可观看视频

⑪ 牛街清真超市

大隐隐于超市的经典美味 ▷

在不管春夏秋冬，永远有人排队等位的聚宝源边上，有一家老北京都知道的超市——牛街清真超市。单从超市名字上看不出任何特别之处，但只要走进去便会发现大有不同。超市的大厅就有三种老北京都知道的美味，分别是伊宝荷叶甑糕、白记年糕、马记冰糖葫芦。

原本是陕西特产的甑糕，要想在北京吃到这口儿，只有伊宝荷叶甑糕。这里的甑糕都是冒着热气出售的，我刚买到手就忍不住咬了一口，软糯香甜，唇齿间混合着糯米、蜜枣、红豆的味道。与伊宝荷叶甑糕紧邻的是白记年糕，甑糕是热的，年糕是冷的，一块糯米面与豆沙反复相叠的年糕，上面点缀

这里的甑糕都是冒着热气出售的

着切成细条的山楂糕，单看白如膏脂的品相，就让人直咽口水。吃到嘴里口感更佳，黏性十足，但不粘牙，糯米面细腻润滑，红豆沙入口即化。

　　马记冰糖葫芦则是只有在冬天才能享受的美味。一串串充满儿时回忆的糖葫芦，在寒冷的冬天总让人爱不释手。适逢下雪，和着雪花一起吃下去，酸酸甜甜，伴着冰凉微涩的雪花味儿，更有北国情调。马记冰糖葫芦在北京首屈一指，生意好到即使下午6点来依旧买不到。这里的糖葫芦种类多，除了原味的之外，还有绵软细腻豆沙馅，以及山药豆、黑枣、草莓馅等。

超市内的各种小吃

🏠 西城区牛街5号
☎ 010 63556687

圣安寺的
山门

⑫ 圣安寺

北京唯一的金代寺庙遗存 ▷

从西砖胡同出来，经过法源寺，沿着南横西街往西走 300
米左右，在一个路口会看到一座红墙灰瓦的建筑，这就是圣
安寺的山门。好精巧啊！没想到这座北京唯一保留下来始建
于金代的寺庙，竟然是这样！走到山门前，隔着围栏看到一
块白色的石碑，上书"金圣安寺故址"几个大字。

山门虽近在眼前，但不能进去，顺着围墙往前走几步才看
到圣安寺的大门，上面写着"北京市宣武回民幼儿园"。见
我伸着脖子往里面张望，幼儿园的工作人员说："这儿现在是
幼儿园，谢绝参观！要想看一下原来圣安寺的建筑，可以去
陶然亭公园，西门的北顶的瑞象亭就是。"

🏠 西城区宣武门外南横街西口

国子监·五道营

走在国子监区域，即便不去拜拜孔夫子，不去五道营的小店坐坐，不去雍和宫上香许愿，只是简简单单地徘徊在彩绘牌楼与灰色红墙之间，抬头看看树荫浓密的老槐树与黄澄澄的琉璃瓦，坐在长椅或石凳上喝茶看人来人往，感受一下沉淀了几百年的人文氛围，都是一种莫大的享受，这道风景，唯北京独有！

梵音儒教背后的文艺腔调

吃素的西餐内的
格鲁吉亚沙拉

梵几客厅的甜点和新
制作出来的饮品

走在国子监区域，即便不去拜拜孔夫子，不去五道营的小店坐坐，不去雍和宫上香许愿，只是简简单单地徘徊在彩绘牌楼与灰瓦红墙之间，抬头看看树荫浓密的老槐树与黄澄澄的琉璃瓦，坐在长椅或石凳上喝茶看人来人注，感受一下这股子沉淀了几百年的人文氛围，都是一种莫大的享受，这道风景唯北京独有！平日里来国子监的游人不多，街上经常能看到排长队游览的学生，偶尔会看到旅游团。旁边胡同民居几乎保持得原汁原味，临街有几家咖啡店、餐厅，但整体仍能捕捉到老北京的风貌。

沿着国子监东墙注北走，是一条寂静如夜的巷子，一侧是幽深的红墙，红色的墙体虽已经不再光鲜，深深浅浅的红色反而让人更加为之动容，只有经过岁月的洗礼才会出现的色彩，比粉刷一新更令人感动；一侧是安宁的民居，中午时卖菜的小贩坐在菜摊后，用帽子遮住半张脸，仰头睡着。挂着长门帘的人家，大概也在午睡吧，微风掀起门帘一角，丝丝清凉入户，让好梦更沉。

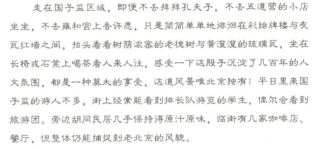

走到官书院胡同，注东看到雍和宫，出胡同沿着雍和宫大街注北走就到五道营胡同。早期钟情于胡同文化的人，出没于此，零散地开设几家小店，渐渐地知道这里的人多了，胡同慢慢火起来了，两边分布的小店也日益增多。尽管如此，五道营与游人如织的南锣鼓巷、后海相比，还是低调了许多，没有音乐声，没有三轮车铃声，没有旅游团，少了沸腾的喧嚣，多了醉心的安逸。

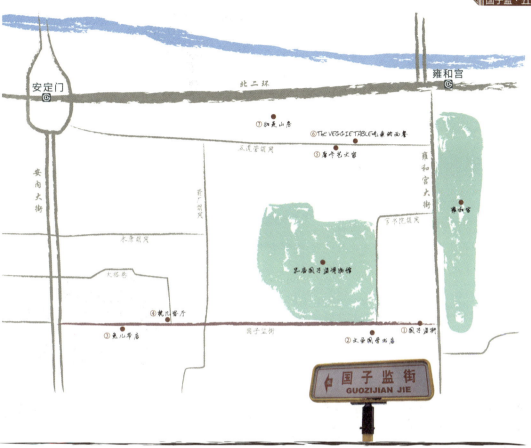

▶ **起始地**
国子监街

路线：①国子监街—②文圣国学书店—③兔儿爷店—④梵几客厅—⑤唐卡艺术家—⑥The VEGGIE TABLE 吃素的西餐—⑦如是山房

◉ **终点**
雍和宫地铁站

国子监街
的路标

① 国子监街

走到京城的旧时光影中 ▷

　　清晨的国子监街宁静之余，散发着淡泊之气，宽阔的胡同，
店铺没有开张，景点还未开门，街上少有机动车，整洁平坦
的路面上铺一层树影，晨光微动，光影之间变幻莫测。尤其
是那条与街相邻的红墙，墙边有的地方偶尔停放着一辆自行
车，不由自主地将人带回 30 年前的北京城。红墙临街一侧种
植一排树木，树与墙之间仅容一人通行，走在这窄窄的空间内，
仿佛走在时光的隧道中：几百年前何人在此走过？几百年中
多少事在此发生？

　　这条长度大约仅有七百米的街道，原来叫"成贤街"，因
孔庙和国子监得名。在街巷上可以看到一间式彩绘牌楼，也
正是因为有这四座牌楼，国子监街成为北京唯——条牌楼街。

因为有四座牌楼，国子监街成为北京
唯——条牌楼街

始建于元朝的国子监至今已走过七百余个春夏秋冬，作为元明清三朝的最高学府，这座院落在当时知识分子心中的分量有多重可想而知。直至今日，走在街上还能看到用满、汉、蒙、藏、托忒五种语言写成的"官员人等，至此下马"的下马石，在古代即便当朝天子到了这里都须步行进入，以示对孔夫子的尊敬。在街上除了孔庙和国子监博物馆这座代表性建筑之外，还有很多淹没在时光中的建筑，最明显的当属火神庙。听遛弯的一位老人说，原来寺庙还有一座山门，后来拆了，从外边看不出是一座寺庙，但里面还有一座大殿。过去这里供奉的是灶君，就是老百姓俗称的"灶王爷"。

与孔圣人做邻居，长年累月受诗书礼乐的熏陶，耳闻目染之下，潜移默化之中境界自然不同。街上的一座社区的大门的匾额上写着"圣人邻里"，有的人家的大门的对联是"五云蟠吉地，三瑞映华门""羊毫如椽描山水，马蹄踏雪步留香"。

用满、汉、蒙、藏、托忒式五种语言写成的"官员人等，至此下马"的下马石

② # 文圣国学书店

孔圣人旁边的传统&文艺 ▷

　　走过国子监街的一座座牌坊，红墙树影，处处都是北京特有的美。过孔庙国子监博物馆，街南边有一家门脸小小的书店，名字却一点儿不含糊——文圣国学书店，把书店的地理位置和经营特色表达得一清二楚。书店是一座独立的青砖灰瓦红柱朱窗的房屋，前有几簇翠竹装饰，门上挂着"仁义礼智信，东西南北中"的对联，一边放置着一只雕刻着花纹的养鱼石槽，旁边立着一方不大的牌子，印有美国副总统拜登和骆家辉光临书店的照片，很多人走到这里看到照片后，都会选择走进书店看看，是怎样的一家书店吸引了这两位名人的目光。

　　进入书店，发现店内除了有一架一架的国学、佛学图书，

旁边立着一方不大的牌子，印有美国副总统拜登和骆家辉光临书店的照片

还有很多小物件，总能留住三三两两的女孩停步欣赏。绘制工笔花鸟的扇面，莲花香插、香座，摆满了罗汉像的多宝阁摆件，陶瓷茶碗、茶杯、茶盏，小巧可爱的紫砂壶，五彩棉布的香包，红色的中国结等，把印象里原本学术味道浓郁的国学书店装点得喜气洋洋，又充满文艺气息。尤其是进门左手边的笔记本，本子的封面有的绘制着古装女孩娃娃脸，古典又时尚；有的经过简单设计，摇身一变，多了几分禅意，令人爱不释手。

店内最里面的书架上放满了国学书籍，薄厚不一，齐刷刷地排列着，看着一个或是熟悉或是陌生的书名，想到其千百年的历史，令内心充满了正能量。旁边的书架上还有很多佛学书籍，最底层放着一摞摞的描红抄经本，明黄色的封皮上面端正地写着经名，翻开内页上面浅浅地印着经文，等待有缘人用心一笔一笔地临摹。

🏠 东城区国子监街 16 号
☎ 010 64071199

③ 兔儿爷店

亲自动手做一只兔儿爷 ▷

　　从人迹相对稀少一点儿的国子监街西口走进大街，没走多
远就看到一家装饰朴素的店，门前高挂大红灯笼，外加两串葫
芦，旁边还有一尊一人高的未上色的兔儿爷，以及一些小物件。
店内极具家庭色彩，没有多余的装饰，一侧整面墙壁由大到小，
层层摆满了形式各异、色彩斑斓的兔儿爷，最下面一层是制
作兔儿爷的泥坯子和模具，地上是制陶工具。屋内到处挂着
大大小小的葫芦做点缀，有的葫芦被钻孔，里面种上了绿萝
等植物，条条绿丝绦从葫芦孔中垂下来，给简单质朴的小店
添加了一份自然美。

　　老板是一位很健谈的人，聊关于兔儿爷的制作工艺滔滔不
绝，他拿起一个兔儿爷说："小店不只卖兔儿爷，还教怎么做

一侧整面墙壁由大到
小，层层摆满了形式各
异、色彩斑斓的兔儿爷

东城区国子监街 44 号
010 83674658

兔儿爷，免费的，您看这模具和坯子都在这儿呢。兔儿爷制坯不难，现在都有现成的模子，关键是坯子定型之后需要一遍一遍打磨毛边，比较费时间，后期还有上色，得一笔一笔勾描，所以做成一个兔儿爷需要一点儿时间呢，有的中间环节您得等坯子干了才能反复操作。现在很多人喜欢自己动手，觉得有意义有意思，尤其是很多家长都希望孩子能了解一些老北京的老工艺品。"

　　店外有一排放满了各式葫芦的纸箱，有的葫芦被做成了长把、短把的水瓢，有的则被改造成了花盆，还有的就是拿在手里把玩的。店主说："这些都是老北京人喜欢的物件，葫芦和福禄谐音，以前几乎家家都种，能做成菜，能玩，还能用。现在都住楼房没法种了，弄一些放在这儿很多人来了都看看，也是一个念想儿吧！"

　　店主的话与店的气氛同样质朴，和店名更加吻合——"京城百姓"，话里话外都是家长里短，店内店外全是日常之物。

小店不只卖兔儿爷，还教怎么做兔儿爷

④ 梵几客厅

把大自然搬进四合院 ▷

　　走在国子监大街上，左右两边随处可见传统的四合院，而步行至梵几客厅时感觉为之一变，院落还是古老的院落，建筑风格却充满了现代感。简约的大门和门厅，简单的摆设，恰到好处的绿植，精致现代的家具，开阔的空间，充盈的采光，让整座院子充满了勃勃生机，又不失古典韵味。

家具都是实木的，露着原木色泽

　　进门的左手边是杂货区，里面出售日常生活所用的文具、石器、户外用品等，这些平日所见所用之物，经过设计师的奇思妙想和巧妙点缀，变得与众不同。一把设计成鲨鱼样式的小刀，一只纸制的手提袋，一顶白色的棉质帐篷，一把竹节风格的雨伞……让生活充满了美感。

东城区国子监街 41 号
010 84166399

中间是家具区，开阔的室内摆放着床、沙发、书柜、写字台、椅子等家具，并根据功能自然划分出区域。家具都是实木的，露着原木色泽，服务员介绍说："'生于野，安于室'是我们的家具的理念，将生长于大自然中的树木，用中国古老的榫卯工艺制作成家具，不用一根钉子，摆放在家中就能感受到自然的气息，至少我个人觉得这些家具都是有生命的！"逐级而下，走到地下一层，依旧摆放着家具，整体基调为极简的工业风。

穿过悬挂着几幅画作的走廊，走到最里面是咖啡区，风格依旧沿袭朴素的风格。开放的落地式玻璃窗将室内与户外连接起来，坐在院中硕大的遮阳伞下面，看着旁边绿莹莹的红豆杉，整个人都安逸起来。店内出售几款甜品、咖啡，以及应季水果制成的饮品。口感清爽的甜点盛在朴素的盘中，搭配着新制作出来的饮品，一口下去，凉爽的果香味回荡在口内，味道与甜品相得益彰。

口感清爽的甜点盛在朴素的盘中

⑤ 唐卡艺术家

一笔一笔勾勒出自己心中的佛像 ▷

走过五道营胡同内一家家装饰风格迥异的小店，来到一家几乎没什么装饰物的店前，看看门上挂着牌匾，还有一旁的玻璃墙上贴着"景泰蓝唐卡现场教学"的海报。走进店内，不大的小店摆满了色彩缤纷的唐卡，看着庄严的佛像，怒目的金刚，姿态婀娜的度母，莲花生大士像，以及用掐丝工艺制作而成的色泽饱和的"六字真言"等，不知不觉中敬畏之心油然而生。一侧的画架上还有一幅正在创作中的作品，细细的线条，浅浅的着色，无处不让人觉察到画师的用心。画架的旁边有一张小桌，上面放着五颜六色的瓶瓶罐罐和蘸着颜料的画笔。站在一旁的画师见有人对颜料感兴趣，用略微生硬的普通话说："这些颜色都是用我自己上山采集的矿物质做成的。"

看了片刻，与店老板闲聊时才知道，来这里制作或教授唐卡的老师都来自西藏或青海，藏人居多。他还说："现在喜欢唐卡这门艺术的人还是挺多的，有的人是出于信仰，有的是

现在喜欢唐卡这门艺术的人还是挺多的，有的人是出于信仰，有的是出于艺术欣赏

出于艺术欣赏。对于来学制作唐卡的人来说，掐丝唐卡比较简单易学，绘制唐卡还是需要一定的美术基础，或者说是特别热爱绘画，对绘画有兴趣。绘制一幅唐卡需要几个月的时间，极其考验人的耐心，有时下笔的时候呼吸都小心翼翼的。"

看着一幅幅唐卡，想象着这些美丽的画作是怎样从一块白布或白纸上开始，经过画师点点滴滴的精心绘制，经过颜料日日夜夜的奇妙变化，才变得如此绚丽夺目，令人或是顶礼膜拜，或是叹为观止。

庄严的佛像

东城区五道营胡同 26 号
13683680767

⑥ The VEGGIE TABLE
吃素的西餐

原来素食也如此美味 ▷

    走在五道营，原本幽静的胡同已充斥着装饰风格各异的小店、咖啡馆、餐厅、饰品店、服装店等，琳琅满目。走进胡同没多远就看到一座不改本色的老房子，半截灰墙配着朱红木窗，朱红色的木门上镶嵌着木棂图案。房檐下没多远挂着一盏红灯笼，看起来古色古香的，后安装的玻璃门也掩盖不了这份典雅。灰色的房顶上立着店名"The VEGGIE TABLE 吃素的西餐"，嫩绿色的字格外醒目。

    与室外风格不同，店内的装修摆设得现代、休闲，靠着摆满盆栽的窗户旁是木质的桌椅，阳光下植物蒙上了一层金色，柔柔的光调，给店内增加了一些暖意。靠墙是一排紫色沙发，

吃素的西餐内的美食

屋顶赤裸裸地露着一根根粗大的原木，上面吊着复古式风扇，徐徐转动的扇叶给室内送来的不只是气流，还有几许怀旧气氛。在大厅最里侧做了一个挑高层，成为独立空间。在临窗的木桌前坐下，摆弄花花草草，看看街景，享受阳光，准备品尝经营了七八个春秋的素食西餐。

当服务员端上来格鲁吉亚沙拉的时候，不由自主发出一句感慨：太惊艳了！一道简单的沙拉可以做得如此诱人！翠绿的生菜叶上盛着紫色的菜肴，食物被制作成矮矮的圆柱形，上面点缀着半颗核桃仁。尝一口，软软发黏，有些糯糯的口感，食材新鲜，蔬菜咬下去汁液饱满，几种蔬菜的味道混合在唇齿之间。服务员过来的时候，询问他关于菜品如此好吃的奥秘，他说道："店内的菜都取自本地有机农村品，我们的厨房内没有添加剂等，全天然烹饪，外加手工制作，尽可能保持食物本身的味道。另外，盛放食材的容器使用的是不锈钢和玻璃制品，中间环节也不马虎。"再品尝一下木瓜香蕉豆奶奶昔，很扎实的一大杯，浓郁的豆香里混合着新鲜的木瓜香、甜甜的香蕉味，浓稠成糊，深深地吸一口下去，凉爽爽，齿颊之间的豆香与水果香久久挥散不去。

🏠 东城区五道营胡同甲 19 号
☎ 010 64462073

厨房内没有添加剂，全天然烹饪，外加手工制作，尽可能保持食物本身的味道

⑦如是山房

红尘中的一曲古琴一缕香 ▷

　　沿着紧邻 The VEGGIE TABLE 吃素的西餐的巷子往北走，在这条小路的南侧有一排青砖房屋，步行到门旁各种植一簇翠竹的木门前，抬头就看到"如是山房"四个字。仔细观察古朴的木门，外门是老式的，上面还有看似笨重的门闩，不禁让人想到炊烟袅袅的乡村；内门依旧是木质的，上半部镶嵌了玻璃，门把手是两块简单小巧的长方形木块，往来的人多了，木块的边缘都变得圆滑油亮，也平添了岁月的痕迹。

　　在门前就听到屋内弹奏的古琴声，站在婆娑的竹影中听着琴曲，宛转悠扬、低沉如诉，有一种走进一片山水秘境的错觉。拉开木门的瞬间，琴声

绕过门口的多宝阁，看到正对面的琴桌上放着一把古琴

中断，抚琴的人走过来招呼来客。绕过门口的多宝阁，看到正对面的琴桌上放着一把古琴，旁边还有一棵硕大的滴水观音，一块清瘦的太湖石，白墙的一侧立着一组原木色的置物架，上面松松散散地摆放着茶、茶壶、茶盏等，大厅的另一侧是两间屋子，门窗沿袭四合院风格，听店员说有时候如是法师在此授课。里屋还设有抄经、品茶的地方，站在这里心即刻沉静下来，身体内的每一个细胞都变得平静。

门窗沿袭四合院风格

　　店员介绍说："如是山房是如是法师创立的，意在传播中国传统文化，主要教授古琴，学员还可以在此体验禅文化、抄经等，周四还开设茶课，周日开授国画课，周三晚上有免费的古琴音乐会，感兴趣的朋友可以过来感受一下。"听完店员简单的介绍之后，又在这里驻足了片刻，看着古琴、茶、经书，以及门口的石槽内一尾尾红色金鱼，短暂的时间里似乎忘却了这座房舍地处北京市中心二环区域。

🏠 东城区安定门东大街59号
☎ 010 64025766